2021

-

Erstes Quartal

FSC
www.fsc.org
MIX
Papier aus verantwortungsvollen Quellen
Paper from responsible sources
FSC® C105338

Bibliografische Information der Deutschen Nationalbibliothek: Die Deutsche Nationalbibliothek verzeichnet diese Publikation in der Deutschen Nationalbibliografie; detaillierte bibliografische Daten sind im Internet über dnb.dnb.de abrufbar.

Herstellung und Verlag: BoD – Books on Demand, Norderstedt

ISBN: 978-3-7526-9167-2

Morgens aus dem Bett zu kommen,
fällt manchmal schwer.
Manchmal fühlst du dich unverstanden und
leer.
Aber du bist nicht allein.
Ich bin bei dir.
Egal, ob im Winter oder

Wennjetz Sommerwehr

Warum dieses Buch?

Die Gesellschaft

Hätten wir nicht ein ernsthaftes Problem in dieser Gesellschaft, würde es dieses Buch nicht geben.
Die Gesellschaft, die vorgibt, ein geordnetes und funktionierendes System zu sein, ist total im Chaos versunken.
Und im Chaos dieser Gesellschaft fühle ich mich oft verloren.
Ich gehe davon aus, dass es vielen Menschen in dieser Gesellschaft so geht.
Es vergehen 365 Tage im Jahr.
365 Tage im Jahr wachen wir morgens auf und leisten unseren Teil für das gesellschaftliche Zusammenleben.
Wie es uns Menschen dabei geht, geht unter.
So wie diejenigen, die Probleme damit haben, in diesem Strom mit zu schwimmen und den Kopf oben und über Wasser zu halten.
Sie gehen unter. Sie ertrinken.
Wir Menschen ertrinken.
Und wir sprechen viel zu selten darüber und spielen uns gegenseitig eine Unversehrtheit vor.
Und jedes Jahr starten wir diesen Kreislauf von vorn.

Warum?

Das Jahr 2021

Ich fühle mich gefangen in einem Labyrinth ohne Ausgang.
Dennoch tun wir Menschen nach einem abgeschlossenen Kalenderjahr so, als hätten wir irgendwas geschafft oder als würde am ersten Januar irgendwas Neues beginnen.
Aber nein, es geht einfach wieder alles von vorn los.
Nur das Datum ändert sich und wir werden in dieser Gesellschaft viel zu jung viel zu alt.
So sind die großen, lauten, bunten und in Alkohol ertrunkenen Feierlichkeiten bei einem Jahreswechsel also nur ein großes Leugnen der Tatsache, dass wir Menschen eigentlich feststecken.
Vorsätze sind ein zumeist gescheiterter Versuch, aus diesem Kreislauf auszubrechen und Dinge anders zu machen oder sein Leben umzugestalten.

Das Jahr wird chaotisch.
Wir Menschen sind nicht mehr miteinander.
Ein Mensch jagt dem anderen hinterher, während beide dem Geld hinterherlaufen.
Die Menschen werden nicht mehr aufwachen.
Aber wenigstens bist du in diesem Alptraum nicht allein.

Worum geht es?

Um dich und dein menschliches Wohlbefinden

Dieses Buch soll ein sicheres Zuhause sein für die verlorenen Seelen auf dieser Erde.
Jedes geschriebene, gedachte oder gesprochene Wort und jeder Gedanke ist in diesem Buch sicher.
Ich urteile nicht.
Keine Frage, die ich stelle, muss unbedingt beantwortet werden, aber eine Frage ohne Antwort ist einsam und das wäre sehr schade.
Ich werde dich nicht fragen, ob du heute im Sinne dieser Leistungsgesellschaft funktioniert hast.
Ich werde nicht fragen, ob du deinen Chef heute ordnungsgemäß zufrieden gestellt hast.
Ich werde dich nicht fragen, ob du deine Hausaufgaben gemacht oder gute Noten in der Klausur oder Klassenarbeit geschrieben hast.
Aber ich werde dir immer ein offenes Ohr und eine offene Seite bieten, wenn dein Tag mal nicht gut war, Schule oder Arbeit anstrengend war oder dich irgendwas anderes momentan viel beschäftigt und du niemanden hast, der dich verstehen könnte.

Worum?

Wir stehen 2021 zusammen durch

Am Ende geht es darum, dieses Jahr zusammen durchzustehen.
Das Jahr wird chaotisch werden.
Es werden Dinge passieren, die du nicht planen kannst.
Es passieren Dinge auf dieser Erde, die man nicht verstehen kann.
Menschen werden kommen und gehen, das Einzige, was bleibt, bist du.
Ich bin immer da, wenn du es brauchst und ich weiß, wie viel dazugehört, sich in diesem Chaos nicht zu verlieren und Tag für Tag genug Kraft zu finden, um aus dem Bett zu kommen.
So sitzt hier hinter diesen Worten jemand der wirklich stolz ist auf alles, was du tust.
Egal, was du tust.
Hauptsache ist, du passt auf dich auf.
Es geht mir um dich.
Dieses Buch ist für dich.

Ich weiß, was du tust.
Du trägst ein Lächeln, auch wenn zu Lächeln gerade sehr schwer ist.
Du trägst Gedanken, die nicht immer fair zu dir sind.
Ich weiß, was du tust. Und das ist wahnsinnig viel.

Also...

In der oberen rechten Ecke eines jeden Tages zeichne ich dir ein kleines Feld ein, welches du gerne anmalen kannst. Die Farben orientieren sich dabei daran, welche Stimmung die Farbe ausdrückt.

Für mich gibt es schwarz und weiß, gelb und blau. Du kannst dir auch selbst noch Farben dazu denken, die für dich eine bestimmte Stimmung oder ein Gefühl ausdrücken.

Schwarz – Schwarz ist für mich einfache Abwesenheit.
Abwesenheit von Licht und jeglichen Farben – wie ein Nachthimmel ohne Sterne.
Abwesenheit von jeglichen Gefühlen. Mal nichts gefühlt zu haben, ist nicht schlimm. So kann ein schwarzer Tag Ruhe in einen Sturm oder Ordnung in ein Chaos bringen.
Pass nur auf, dass der schwarze Schatten sich nicht zu oft über die Sonne legt.

Weiß – Weiß ist für mich reines Chaos in purster Reinheit. Man sagt, in weiß stecken alle Farben.
Ein weißer Tag ist für mich also ein Tag, an dem man so verloren in seinem Gefühlschaos ist, dass man am Ende des Tages nicht einmal weiß, in welcher Farbe man die Ecke anmalen soll.
Ein weißer Tag ist kein guter Tag, auch wenn die Farbe sonst so unschuldig ist.

Also...

Gelb – Gelb ist eine Farbe positiven Ausdrucks. Warm und freundlich. Ein gelber Tag ist ein guter Tag mit vielen positiven Gefühlen.
Wenn viele Ecken gelb angemalt sind, sieht es beim Durchblättern so aus, als würde die Sonne zurück auf deine Tage scheinen.

Blau – Blau ist sanft und ruhig. Ein blauer Tag ist ein unspektakulärer und ausgeglichener Tag. Ein Tag, an dem man etwas für sich tun konnte, weil niemand die Ruhe gestört hat.

Eigene Farben –

.... - ....

....

....

.... - ....

....

....

...starten wir jetzt...

Manchmal geht alles an einem vorbei und
manchmal gehen wir selbst, in Gedanken
versunken, an allem und allen vorbei.

Wir Menschen kämpfen nicht mehr
miteinander, sondern gegeneinander.
Wir spielen uns selbst aus und verlieren uns
dabei.

Viel zu früh sind Dinge schon wieder viel zu
spät.

Viel zu jung werden wir schon wieder viel zu
alt.

Egal, was man tut oder versucht – die Zeit
wartet nicht.

Also springen wir zusammen ins kalte Wasser?
Zusammen in den Kreislauf Nr. 2021,
Zusammen in das Jahr 2021?

Ich warte auf dich.

Bis gleich!

dein
Wennjetz Sommerwehr

Januar

Der Monat, mit dem Alles wieder
von vorn beginnt.
Ein trister Schleier legt sich
langsam über die gesammelten
Erinnerungen des letzten Jahres,
während alles immer weiter in die
Ferne rückt.
So ist das mit der Vergangenheit –
sie ist immer melancholisch.
Es ist traurig, dass Dinge
vergangen sind.
Und nun dauert es, bis die
nächsten Erlebnisse zu schönen
Erinnerungen werden, an die man
sich später gern erinnert.
Und dann rücken auch diese in
weite Ferne. Immer wieder. Ein
Kreislauf. Aber wenigstens bist du
diesmal nicht allein.

Freitag 01. Januar 2021

Hey, schön dich zu sehen!

Wie war dein Start ins neue Jahr? . . . .

. . . .

. . . .

Wie geht's dir? . . . .

Wenn du an letztes Jahr zurückdenkst, was waren die drei schönsten Dinge, die dir widerfahren sind und was waren vielleicht die schlimmsten Momente 2020?
Auch, wenn es mich natürlich freuen würde, wenn es nur gute Momente gab, möchte ich dir trotzdem drei Zeilen geben für die vielleicht nicht so schönen Momente. Sei bitte ehrlich.

Die drei schönsten Momente 2020

1. . . . .
2. . . . .
3. . . . .

Die drei nicht so schönen Momente 2020

1. . . . .

2. . . . .

3. . . . .

Was müsste 2021 passieren, damit du in 365 Tagen zufrieden in das nächste Jahr gehen kannst?

. . . .

. . . .

. . . .

. . . .

Du kannst sehr gern am Ende des Jahres zu dieser Seite zurückgehen und schauen, ob wir zufrieden in das neue Jahr starten können. Auch wenn du es vergessen solltest, werde ich dich nochmal erinnern. Denn das ist das Gute an einem Kreislauf – man sieht sich immer nochmal wieder.

So, ich will dich jetzt auch nicht weiter aufhalten. Wir sehen uns morgen. Pass auf dich auf!

Samstag 02. Januar 2021

Die gesetzlichen Feiertage münden in ein Wochenende und bevor das Leben einen wieder überrollt, haben wir noch zwei Tage, um uns zu erholen.

Wie hast du geschlafen?

. . . .

. . . .

Wie hast du deinen Samstag verbracht?

. . . .

. . . .

. . . .

. . . .

Woran oder an wen hast du heute viel gedacht?

. . . .

. . . .

. . . .

. . . .

. . . .

Was für Musik hast du heute gehört?

. . . .

. . . .

. . . .

Musik ist ein guter und ehrlicher Spiegel und bringt vielleicht etwas Ordnung in das innere Chaos.
Bin ich nicht gut drauf, höre ich „traurige“ Musik, auch wenn mir alle raten, Gute-Laune-Musik zu hören. Ich belüge mich aber ungern selbst und Gute-Laune-Musik zu hören, wenn man nicht gut drauf ist, verstärkt das Chaos doch nur umso mehr…

Hast du gerade ein Lieblingslied?

gute Stimmung:	*bedrückte Stimmung:*
. . . .	. . . .
. . . .	. . . .

Lass dir von niemanden deine Meinung zu Musik oder deinen Musikgeschmack ausreden!
Ich hoffe, wir sehen uns morgen…

Sonntag 03. Januar 2021

Das Wochenende zieht schneller an einem vorbei als die normalen Tage in einer Woche. In den befreiten Momenten, in denen man mal Zeit hat, sich mit sich selbst auseinanderzusetzen, läuft einem die Zeit weg.
Die Gedanken rasen und die Zeit rast nur so mit, während man sich so fühlt, als würde sie stillstehen und als würde man versinken, wacht man dennoch sehr schnell wieder auf und merkt, dass morgen schon wieder Montag ist.
Egal, wie unproduktiv dir dein Wochenende erscheint, wenn du etwas für dich tust, ist die Zeit sinnvoll investiert.
Jeder Gedanke, den du ausbildest, ist ein kleiner Teil deiner persönlichen Weiterentwicklung.
Nach Tagen, an denen man nur für andere funktionieren musste und sich meist selbst dabei vergessen hat, ist das Wochenende zur Erholung da.
Das hast du dir verdient und ich hoffe, du konntest den Stress der Wochentage etwas vergessen und dich selbst etwas wiederfinden.

Also was hast du diesen Sonntag gemacht?

Und wie hast du dich dabei gefühlt?

Auch, wenn du vielleicht nicht so viel gemacht hast, ist das total in Ordnung. Wenn du nichts für andere machst, tust du damit sehr viel für dich selbst.
So ist es auch mal wichtig, nichts zu tun.
Schlaf gut, wir sehen uns morgen wieder.

Montag **04. Januar 2021**

Hey, wie war dein Start in die Woche?

. . . .

. . . .

Konntest du gut schlafen?

. . . .

. . . .

. . . .

Konntest du gestern schnell einschlafen?

. . . .

. . . .

Wenn nein, wieso nicht?

. . . .

. . . .

. . . .

Ich weiß ganz genau, wie laut Gedanken in der nächtlichen Stille werden können. Unerträglich laut.

Mit welchem Lied würdest du deinen heutigen Tag beschreiben und wieso?

. . . .

. . . .

. . . .

. . . .

Hast du genug getrunken und gegessen?

. . . .

. . . .

Ich möchte dich zu nichts drängen, aber achte bitte darauf, genug zu trinken und zu essen.
Für mich… und für dich.

Dein Tag war sicher anstrengend.
Ruh dich aus und geh vielleicht etwas früher schlafen.
Ich bleibe hier und werde auf dich warten.
Bis morgen.

Dienstag **05. Januar 2021**

Wie lange hast du geschlafen?

. . . .

. . . .

Konntest du gut einschlafen?

. . . .

. . . .

Wie laut waren deine Gedanken heute?

. . . .

. . . .

. . . .

Wenn sie laut waren, hast du sie irgendwie wieder leise bekommen?

. . . .

. . . .

. . . .

An wen oder an was hast du heute viel gedacht?

. . . .

. . . .

. . . .

Wie hast du dich dabei gefühlt?

. . . .

. . . .

. . . .

Mit wem konntest du heute über deine Gedanken reden?

. . . .

. . . .

. . . .

Gedanken sind wie Selbstgespräche, die man leider nicht steuern kann. Versuch dich abzulenken, wenn die Stimmen in deinem Kopf zu harsch werden.

Mittwoch **06. Januar 2021**

Du hast die Hälfte der Woche schon hinter dir!

Wie war dein Tag?

. . . .

. . . .

. . . .

Hast du den Tag allein verbracht oder warst du mit jemanden zusammen?

. . . .

. . . .

. . . .

Was ging dir heute nicht aus dem Kopf?

. . . .

. . . .

. . . .

. . . .

. . . .

Waren deine Gedanken heute fair zu dir?

. . . .

. . . .

Ich weiß, wie unfair Gedanken manchmal sein können. Du bist nicht allein!

Was hast du heute für Musik gehört?

. . . .

. . . .

. . . .

Worauf freust du dich noch diese Woche?

. . . .

. . . .

. . . .

. . . .

Wenn es nichts gibt, denke dran – bald ist wieder Wochenende.

Donnerstag 07. Januar 2021

Wann schreibst du heute in dieses Buch?

. . . .

. . . .

Wie geht's dir?

. . . .

. . . .

. . . .

Hast du genug gegessen und getrunken?

. . . .

. . . .

Was isst du momentan am liebsten?

. . . .

. . . .

. . . .

Was hast du heute so gemacht?

. . . .

. . . .

. . . .

. . . .

. . . .

Was hättest du heute gern anders gemacht oder warst du mit deinem Tag zufrieden?

. . . .

. . . .

. . . .

. . . .

Sei nicht zu hart zu dir selbst, manchmal kannst du dir selbst dein größter Feind sein.
Aber in Kämpfen mit einem selbst gibt es nur Verlierer.

Wir haben die Woche bald geschafft!

Freitag **08. Januar 2021**

Wie war dein Tag?

. . . .

. . . .

. . . .

Bist du heute mit deinem Tag zufrieden?

. . . .

. . . .

. . . .

Was wolltest du heute oder diese Woche machen, hast es aber nicht geschafft?

. . . .

. . . .

. . . .

. . . .

Versuch morgen nur deinen eigenen Kopf durchzusetzen und etwas für dich zu tun.

Was hast du heute für Musik gehört?

. . . .

. . . .

. . . .

Warst du heute allein?

. . . .

. . . .

Wärst du heute lieber allein oder hättest du gern jemanden um dich herum gehabt?

. . . .

. . . .

Menschliches Beisammensein ist nicht immer vorteilhaft. Manchmal stören dich Menschen bei deinen Gedanken.

Schlaf gut! Morgen ist Wochenende

Samstag **09. Januar 2021**

Wie war der erste Tag deines Wochenendes?

. . . .

. . . .

. . . .

. . . .

Konntest du dich schon etwas erholen?

. . . .

. . . .

. . . .

Hast du dir dein Wochenende verdient?

. . . .

. . . .

Warum oder warum nicht?

. . . .

. . . .

Du hast es dir verdient! Glaub mir.

Jeden Samstag möchte ich von dir wissen, was du tun würdest, wenn jetzt Sommer wär´.
Einfach aus deiner Vorstellung heraus.

. . . .

. . . .

. . . .

. . . .

. . . .

. . . .

Freust du dich auch so auf den Frühling und den Sommer?

. . . .

. . . .

Morgen ist Sonntag. Frühstücke schön und genieß deinen Tag!
Wir sehen uns dann abends wieder.

Sonntag **10. Januar 2021**

Hey, wie war dein Sonntag?

Welcher Tag war der beste Tag dieser Woche?

Konntest du den Sonntag für dich nutzen?

Hast du dir etwas für die nächste Woche vorgenommen?

. . . .

. . . .

. . . .

Freust du dich auf irgendwas?

. . . .

. . . .

. . . .

. . . .

Hast du Angst vor irgendwas?

. . . .

. . . .

. . . .

. . . .

Hab keine Angst. Am Ende kommt immer alles als gedacht und meist besser als befürchtet. Du bist nicht allein.
Schlaf gut!

! Für den Notfall !

Eine Seite, wo du die Gedanken ablegen kannst, die dich nicht in Ruhe lassen. Ich hoffe, diese Seite wird leer bleiben, aber wenn nicht, werde ich deine Gedanken behüten und sie vor dir bewahren.

. . . .

. . . .

. . . .

. . . .

. . . .

. . . .

. . . .

. . . .

. . . .

. . . .

. . . .

. . . .

. . . .

. . . .

Du bist stark! Wir schaffen das!

Was hast du nächste Woche vor?

Montag ....

....

....

....

Dienstag ....

....

....

....

Mittwoch ....

....

....

....

Donnerstag ....

....

....

....

Am Wochenende gebe ich dir mehr Platz, denn da sollst du auch mehr Platz und mehr Zeit für dich haben.

Freitag . . . .

. . . .

. . . .

. . . .

. . . .

Samstag . . . .

. . . .

. . . .

. . . .

. . . .

. . . .

Sonntag . . . .

. . . .

. . . .

. . . .

. . . .

. . . .

Markiere in rot das, was du machen musst
Und in grün das, was du gerne machst und worauf du dich freust

Montag **11. Januar 2021**

Hey, wie war dein Start in die Woche?

. . . .

. . . .

Konntest du gut schlafen?

. . . .

. . . .

. . . .

Konntest du gestern schnell einschlafen?

. . . .

. . . .

Wenn nein, wieso nicht?

. . . .

. . . .

. . . .

Ich weiß ganz genau, wie laut Gedanken in der nächtlichen Stille werden können. Wir schaffen das zusammen.

Mit welchem Lied würdest du deinen heutigen Tag beschreiben und wieso?

. . . .

. . . .

. . . .

. . . .

Hast du genug getrunken und gegessen?

. . . .

. . . .

Achte bitte drauf…
Für mich… und für dich.

Dein Tag war sicher anstrengend.
Ruh dich aus und geh vielleicht etwas früher schlafen.
Ich warte hier auf dich und werde auch nicht gehen.
Bis morgen.

Dienstag **12. Januar 2021**

Wie lange hast du geschlafen?

. . . .

. . . .

Konntest du gut einschlafen?

. . . .

. . . .

Wie laut waren deine Gedanken heute?

. . . .

. . . .

. . . .

Wenn sie laut waren, hast du sie irgendwie wieder leise bekommen?

. . . .

. . . .

. . . .

An wen oder an was hast du heute viel gedacht?

Wie hast du dich dabei gefühlt?

Mit wem konntest du heute über deine Gedanken reden?

Gedanken sind Selbstgespräche, die man leider nicht steuern kann. Versuch dich abzulenken, wenn die Stimmen in deinem Kopf zu harsch werden.
Bis morgen!

Mittwoch **13. Januar 2021**

Du hast die Hälfte der Woche schon wieder hinter dir!

Wie war dein Tag?

. . . .

. . . .

. . . .

Hast du den Tag allein verbracht oder warst du mit jemanden zusammen?

. . . .

. . . .

. . . .

Was ging dir heute nicht aus dem Kopf?

. . . .

. . . .

. . . .

. . . .

. . . .

Waren deine Gedanken heute fair zu dir?

. . . .

. . . .

Ich weiß, wie unfair Gedanken manchmal sein können.
Du bist nicht allein!

Was hast du heute für Musik gehört?

. . . .

. . . .

. . . .

Worauf freust du dich noch diese Woche?

. . . .

. . . .

. . . .

. . . .

Wenn es nichts gibt, denke dran – bald ist wieder Wochenende.

Donnerstag 14. Januar 2021

Wie geht's dir?

. . . .

. . . .

. . . .

Hast du genug gegessen und getrunken?

. . . .

. . . .

Was isst du momentan am liebsten?

. . . .

. . . .

. . . .

Was war das Schönste, was dir jemand in letzter Zeit gesagt hat?

. . . .

. . . .

. . . .

Was hast du heute so gemacht?

. . . .

. . . .

. . . .

. . . .

. . . .

Was hättest du heute gern anders gemacht oder warst du mit deinem Tag zufrieden?

. . . .

. . . .

. . . .

. . . .

Sei nicht zu hart zu dir selbst, manchmal kannst du dir selbst dein größter Feind sein.
Aber in Kämpfen mit einem selbst gibt es nur Verlierer.

Wir haben die Woche bald geschafft!

Freitag **15. Januar 2021**

Wie war dein Tag?

. . . .

. . . .

. . . .

Bist du heute mit deinem Tag zufrieden?

. . . .

. . . .

. . . .

Was wolltest du heute oder diese Woche machen, hast es aber nicht geschafft?

. . . .

. . . .

. . . .

. . . .

Versuch morgen nur deinen eigenen Kopf durchzusetzen und mal wieder etwas für dich zu tun.

Was hast du heute für Musik gehört?

Warst du heute allein?

Wärst du heute lieber allein oder hättest du gern jemanden um dich herum gehabt?

Menschliches Beisammensein ist nicht immer vorteilhaft. Manchmal stören dich Menschen bei deinen Gedanken.

Schlaf gut! Morgen ist Wochenende.

Samstag **16. Januar 2021**

Wie war der erste Tag deines Wochenendes?

. . . .

. . . .

. . . .

. . . .

Konntest du dich schon etwas erholen?

. . . .

. . . .

. . . .

Hast du dir dein Wochenende verdient?

. . . .

. . . .

Warum oder warum nicht?

. . . .

. . . .

Du hast es dir verdient! Glaub mir.

Was würdest du tun, wenn jetzt Sommer wär?

. . . .

. . . .

. . . .

. . . .

. . . .

. . . .

. . . .

Freust du dich auch so auf den Frühling und den Sommer?

. . . .

. . . .

Morgen ist Sonntag. Frühstücke schön und genieß deinen Tag!
Wir sehen uns dann abends wieder.

Sonntag **17. Januar 2021**

Hey, wie war dein Sonntag?

. . . .

. . . .

. . . .

. . . .

Welcher Tag war der beste Tag dieser Woche?

. . . .

. . . .

. . . .

. . . .

Konntest du den Sonntag für dich nutzen?

. . . .

. . . .

. . . .

. . . .

Hast du dir etwas für die nächste Woche vorgenommen?

. . . .

. . . .

. . . .

Freust du dich auf irgendwas?

. . . .

. . . .

. . . .

. . . .

Hast du Angst vor irgendwas?

. . . .

. . . .

. . . .

. . . .

Hab keine Angst. Am Ende kommt immer alles als gedacht und meist besser als befürchtet. Du bist nicht allein.
Schlaf gut!

! Für den Notfall !

Die Gedanken, die dich nicht in Frieden lassen, dir dein Lächeln und den Schlaf rauben:

Du bist stark! Wir schaffen das!

Was hast du nächste Woche vor?

Montag . . . .

Dienstag . . . .

Mittwoch . . . .

Donnerstag . . . .

Freitag . . . .

. . . .

. . . .

. . . .

. . . .

Samstag . . . .

. . . .

. . . .

. . . .

. . . .

. . . .

Sonntag . . . .

. . . .

. . . .

. . . .

. . . .

. . . .

Markiere in rot das, was du machen musst
Und in grün das, was du gerne machst und worauf du dich freust

Montag 18. Januar 2021

Hey, wie war dein Start in die Woche?

. . . .

. . . .

. . . .

. . . .

Konntest du gut schlafen?

. . . .

. . . .

. . . .

Konntest du gestern schnell einschlafen?

. . . .

. . . .

Wenn nein, wieso nicht?

. . . .

. . . .

. . . .

Ich weiß ganz genau, wie laut Gedanken in der nächtlichen Stille werden können. Aber du bist nicht allein.

Mit welchem Lied würdest du deinen heutigen Tag beschreiben und wieso?

. . . .

. . . .

. . . .

. . . .

Hast du genug getrunken und gegessen?

. . . .

. . . .

Achte bitte drauf…
Für mich… und für dich.

Dein Tag war sicher anstrengend.
Ruh dich aus und geh vielleicht etwas früher schlafen.
Ich warte hier auf dich und werde auch nicht gehen.
Bis morgen.

Dienstag **19. Januar 2021**

Wie lange hast du geschlafen?

. . . .

. . . .

Konntest du gut einschlafen?

. . . .

. . . .

Wie laut waren deine Gedanken heute?

. . . .

. . . .

. . . .

Wenn sie laut waren, hast du sie irgendwie wieder leise bekommen?

. . . .

. . . .

. . . .

An wen oder an was hast du heute viel gedacht?

. . . .

. . . .

. . . .

Wie hast du dich dabei gefühlt?

. . . .

. . . .

. . . .

Mit wem konntest du heute über deine Gedanken reden?

. . . .

. . . .

. . . .

Gedanken sind Selbstgespräche, die man leider nicht steuern kann. Versuch dich abzulenken, wenn die Stimmen in deinem Kopf zu harsch werden.
Bis morgen!

Mittwoch **20. Januar 2021**

Du hast die Hälfte der Woche schon wieder hinter dir!

Wie war dein Tag?

. . . .

. . . .

. . . .

Hast du den Tag allein verbracht oder warst du mit jemanden zusammen?

. . . .

. . . .

. . . .

Was ging dir heute nicht aus dem Kopf?

. . . .

. . . .

. . . .

. . . .

. . . .

Waren deine Gedanken heute fair zu dir?

. . . .

. . . .

Ich weiß, wie unfair Gedanken manchmal sein können.
Du bist nicht allein!

Was hast du heute für Musik gehört?

. . . .

. . . .

. . . .

Worauf freust du dich noch diese Woche?

. . . .

. . . .

. . . .

. . . .

Wenn es nichts gibt, denke dran – bald ist wieder Wochenende.

Donnerstag 21. Januar 2021

Wie geht's dir?

. . . .

. . . .

. . . .

Hast du genug gegessen und getrunken?

. . . .

. . . .

Was isst du momentan am liebsten?

. . . .

. . . .

. . . .

Was war das schönste, was dir jemand in letzter Zeit gesagt hat?

. . . .

. . . .

. . . .

Was hast du heute so gemacht?

. . . .

. . . .

. . . .

. . . .

. . . .

Was hättest du heute gern anders gemacht oder warst du mit deinem Tag zufrieden?

. . . .

. . . .

. . . .

. . . .

Sei nicht zu hart zu dir selbst, manchmal kannst du dir selbst dein größter Feind sein.
Aber in Kämpfen mit einem selbst gibt es nur Verlierer.

Wir haben die Woche bald geschafft!

Freitag **22. Januar 2021**

Wie war dein Tag?

. . . .

. . . .

. . . .

Bist du heute mit deinem Tag zufrieden?

. . . .

. . . .

. . . .

Was wolltest du heute oder diese Woche machen, hast es aber nicht geschafft?

. . . .

. . . .

. . . .

. . . .

Versuch morgen nur deinen eigenen Kopf durchzusetzen und mal wieder etwas für dich zu tun.

Was hast du heute für Musik gehört?

. . . .

. . . .

. . . .

Warst du heute allein?

. . . .

. . . .

Wärst du heute lieber allein oder hättest du gern jemanden um dich herum gehabt?

. . . .

. . . .

Menschliches Beisammensein ist nicht immer vorteilhaft. Manchmal stören dich Menschen bei deinen Gedanken.

Schlaf gut! Morgen ist Wochenende

Samstag **23. Januar 2021**

Wie war der erste Tag deines Wochenendes?

. . . .

. . . .

. . . .

. . . .

Konntest du dich schon etwas erholen?

. . . .

. . . .

. . . .

Hast du dir dein Wochenende verdient?

. . . .

. . . .

Warum oder warum nicht?

. . . .

. . . .

Du hast es dir verdient! Glaub mir.

Was würdest du tun, wenn jetzt Sommer wär?

Freust du dich auch so auf den Frühling und den Sommer?

Morgen ist Sonntag. Frühstücke schön und genieß deinen Tag!
Wir sehen uns dann abends wieder.

Sonntag **24. Januar 2021**

Hey, wie war dein Sonntag?

. . . .

. . . .

. . . .

. . . .

Welcher Tag war der beste Tag dieser Woche?

. . . .

. . . .

. . . .

. . . .

Konntest du den Sonntag für dich nutzen?

. . . .

. . . .

. . . .

. . . .

. . . .

. . . .

Hast du dir etwas für die nächste Woche vorgenommen?

. . . .

. . . .

. . . .

Freust du dich auf irgendwas?

. . . .

. . . .

. . . .

. . . .

Hast du Angst vor irgendwas?

. . . .

. . . .

. . . .

. . . .

Hab keine Angst. Am Ende kommt immer alles als gedacht und meist besser als befürchtet. Du bist nicht allein. Schlaf gut!

! Für den Notfall !

Die Gedanken, die dich nicht in Frieden lassen, dir dein Lächeln und den Schlaf rauben:

....

....

....

....

....

....

....

....

....

....

....

....

....

....

....

....

....

Du bist stark! Wir schaffen das!

Was hast du nächste Woche vor?

Montag . . . .

. . . .

. . . .

. . . .

Dienstag . . . .

. . . .

. . . .

. . . .

Mittwoch . . . .

. . . .

. . . .

. . . .

Donnerstag . . . .

. . . .

. . . .

. . . .

Freitag . . . .

. . . .

. . . .

. . . .

. . . .

Samstag . . . .

. . . .

. . . .

. . . .

. . . .

. . . .

Sonntag . . . .

. . . .

. . . .

. . . .

. . . .

. . . .

Markiere in rot das, was du machen musst
Und in grün das, was du gerne machst und worauf du dich freust

Montag **25. Januar 2021**

Hey, wie war dein Start in die Woche?

. . . .

. . . .

Konntest du gut schlafen?

. . . .

. . . .

. . . .

Konntest du gestern schnell einschlafen?

. . . .

. . . .

Wenn nein, wieso nicht?

. . . .

. . . .

. . . .

Ich weiß ganz genau, wie laut Gedanken in der nächtlichen Stille werden können. Du bist nicht allein.

Mit welchem Lied würdest du deinen heutigen Tag beschreiben und wieso?

. . . .

. . . .

. . . .

. . . .

Hast du genug getrunken und gegessen?

. . . .

. . . .

. . . .

Achte bitte drauf…
Für mich… und für dich.

Dein Tag war sicher anstrengend.
Ruh dich aus und geh vielleicht etwas früher schlafen.
Ich warte hier auf dich und werde auch nicht gehen.
Bis morgen.

Dienstag **26. Januar 2021**

Wie lange hast du geschlafen?

....

....

Konntest du gut einschlafen?

....

....

Wie laut waren deine Gedanken heute?

....

....

....

Wenn sie laut waren, hast du sie irgendwie wieder leise bekommen?

....

....

....

An wen oder an was hast du heute viel gedacht?

Wie hast du dich dabei gefühlt?

Mit wem konntest du heute über deine Gedanken reden?

Gedanken sind Selbstgespräche, die man leider nicht steuern kann. Versuch dich abzulenken, wenn die Stimmen in deinem Kopf zu harsch werden.
Bis morgen!

Mittwoch **27. Januar 2021**

Du hast die Hälfte der Woche schon hinter dir!

Wie war dein Tag?

. . . .

. . . .

. . . .

Hast du den Tag allein verbracht oder warst du mit jemanden zusammen?

. . . .

. . . .

. . . .

Was ging dir heute nicht aus dem Kopf?

. . . .

. . . .

. . . .

. . . .

. . . .

Waren deine Gedanken heute fair zu dir?

. . . .

. . . .

Ich weiß, wie unfair Gedanken zu einem sein können.
Du bist nicht allein!

Was hast du heute für Musik gehört?

. . . .

. . . .

. . . .

Worauf freust du dich noch diese Woche?

. . . .

. . . .

. . . .

. . . .

Wenn es nichts gibt, denke dran – bald ist wieder Wochenende.

Donnerstag **28. Januar 2021**

Wie geht's dir?

. . . .

. . . .

. . . .

Hast du genug gegessen und getrunken?

. . . .

. . . .

Was isst du momentan am liebsten?

. . . .

. . . .

. . . .

Was war das schönste, was dir jemand in letzter Zeit gesagt hat?

. . . .

. . . .

. . . .

Was hast du heute so gemacht?

Was hättest du heute gern anders gemacht oder warst du mit deinem Tag zufrieden?

Sei nicht zu hart zu dir selbst, manchmal kannst du dir selbst dein größter Feind sein.
Aber in Kämpfen mit einem selbst gibt es nur Verlierer.

Wir haben die Woche bald geschafft!

Freitag **29. Januar 2021**

Wie war dein Tag?

. . . .

. . . .

. . . .

Bist du heute mit deinem Tag zufrieden?

. . . .

. . . .

. . . .

Was wolltest du heute oder diese Woche machen, hast es aber nicht geschafft?

. . . .

. . . .

. . . .

. . . .

Versuch morgen nur deinen eigenen Kopf durchzusetzen und etwas für dich zu tun.

Was hast du heute für Musik gehört?

. . . .

. . . .

. . . .

Warst du heute allein?

. . . .

. . . .

Wärst du heute lieber allein oder hättest du gern jemanden um dich herum gehabt?

. . . .

. . . .

. . . .

. . . .

Menschliches Beisammensein ist nicht immer vorteilhaft. Manchmal stören dich Menschen bei deinen Gedanken.

Schlaf gut! Morgen ist Wochenende

Samstag **30. Januar 2021**

Wie war der erste Tag deines Wochenendes?

. . . .

. . . .

. . . .

. . . .

Konntest du dich schon etwas erholen?

. . . .

. . . .

. . . .

Hast du dir dein Wochenende verdient?

. . . .

. . . .

Warum oder warum nicht?

. . . .

. . . .

Du hast es dir verdient! Glaub mir.

Was würdest du tun, wenn jetzt Sommer wär?
Ein paar warme Gedanken würden uns bestimmt gut tun.

. . . .

. . . .

. . . .

. . . .

. . . .

. . . .

Frust du dich auch so auf den Frühling und den Sommer?

. . . .

. . . .

Morgen ist Sonntag. Frühstücke schön
und genieß deinen Tag!
Wir sehen uns dann abends wieder.

Sonntag 31. Januar 2021

Hey, wie war dein Sonntag?

Welcher Tag war der beste Tag dieser Woche?

Konntest du den Sonntag für dich nutzen?

Hast du dir etwas für den nächsten Monat vorgenommen?

. . . .

. . . .

. . . .

Freust du dich auf irgendwas?

. . . .

. . . .

. . . .

. . . .

Hast du Angst vor irgendwas?

. . . .

. . . .

. . . .

. . . .

Morgen beginnt schon der nächste Monat und du kannst dir nicht vorstellen, wie stolz ich bin, dass wir so weit gekommen sind!

! Für den Notfall !

Die Gedanken, die dich nicht in Frieden lassen, dir dein Lächeln und den Schlaf rauben:

Du bist stark! Wir schaffen das!

Ende des ersten Monats

Während für viele Menschen das Durchstehen eines Monats, also die währende und fortlaufende menschliche Existenz, ganz normal und eine Sache ist, die von selbst läuft, ist das Durchstehen eines Monats für solche, die sich viel zu viele Gedanken machen, eine echte Herausforderung. Täglich kämpfen wir mit Zweifeln, Ängsten und Sorgen, die sich wie ein schwarzer Schatten über alles legen, was uns früher mal Freude bereitet hat. Man sagt, es sind Phasen, aber manchmal fühlt es sich an, als wäre kein Ende in Sicht.
Ich weiß, wie du dich fühlst.

Nun haben wir den ersten Monat des Jahres hinter uns und ich möchte einen Gedanken mit dir teilen, der vielleicht eine Sache gut veranschaulichen kann. Was das für eine Sache ist, wirst du gleich herausfinden.

Ich nenne den Text „Sonne und Wolken“.
Und du bist an diesem Tag einer der ersten, die von diesem Gedanken erfahren.

An einem langsamen Tag, an dem mir langsam alles viel zu schnell ging, verlor ich mich still in meinen lauten Gedanken und schaute aus dem Fenster.
Ein blauer Himmel überdeckte das Grau des Tages.
Ich schaute nach draußen und war in Gedanken versunken, während der blaue Himmel und die Sonne überdeckt wurden von grauen Regenwolken.
Es wurde dunkel und meine Gedanken verliefen sich.
Hätte mich jemand in dem Moment gefragt, worüber ich denn nachdenke, während ich regungslos die Regenwolken anstarre, hätte ich gesagt: „Nichts...“

Dabei dachte ich an so vieles.

Und damit wurde mir dann klar:
So wie dunkle Regenwolken, die sich langsam vor die strahlende Sonne schieben, habe ich langsam immer weiter meinen Mund verschlossen und meine Gedanken versteckt vor all denen, bei denen ich dachte, sie könnten oder würden mich nicht verstehen.
So bin ich still geworden und während meine Gedanken, also meine Sonne, hinter dunklen Wolken versteckt waren, habe ich mich blenden lassen von all den Gedanken anderer Menschen, die keine Wolken vor ihrer Sonne haben.
Die Gedanken, die frei und ohne Hemmung in diese Welt getragen werden, sind aber nicht immer sinnvoll.
Und so habe ich mir hinter meiner Wolkendecke so viele Zweifel, Sorgen und Ängste aufgetürmt, dass meine Sonne langsam aufgehört hat, zu scheinen.

Ich ließ mich beeinflussen von denen, die ganz unbefangen ihren Blödsinn in die Welt getragen haben und war so sehr damit beschäftigt, anderen Menschen zu gefallen, dass ich mich selbst dabei vergessen habe.
Ich habe meine Sonne vergessen.

Das, was in diesem Buch steht, ist die Sonne, die langsam durch die Wolken scheint und ich möchte auch von dir, dass du scheinst.
Ich möchte dich scheinen sehen und deine Gedanken hören!

Dein Wennjetz Sommerwehr

Der Januar

Wie war deine Stimmung diesen Monat?

. . . .

. . . .

Und wenn dich jemand anderes als ich fragen würde, was würdest du der Person dann sagen?

. . . .

. . . .

Welche Farbe kam diesen Monat am häufigsten in der Ecke vor? . . . .

Welche Farbe wünschst du dir für die nächsten Monate? . . . .

Welche Lieder hast du am häufigsten gehört?

. . . .

. . . .

. . . .

. . . .

Welcher Tag war der beste Tag des Monats?

. . . .

. . . .

Und was ist an diesem Tag passiert?

. . . .

. . . .

. . . .

. . . .

Auf welchen Monat freust du dich besonders?

. . . .

. . . .

Welcher Monat wird der schönste Monat des Jahres werden und wieso?

. . . .

. . . .

. . . .

. . . .

. . . .

Wie laut waren deine Gedanken diesen Monat?

1 2 3 4 5 6 7 8 9 10

Welche Gedanken wandern dir oft durch den Kopf und wurden nie ausgesprochen?

. . . .

. . . .

. . . .

. . . .

. . . .

Werden diese Gedanken jemals durch die Wolkendecke scheinen?

. . . .

. . . .

Trau dich! Du hast nur ein Leben, also auch nur ein Leben lang Zeit, zu denken und zu sprechen. Hinterfrage alles und lass dich nicht einschüchtern von denen, die lauter sind als du.
Da steckt meist nicht viel hinter.
Lass dein Herz sprechen und es werden die Menschen auf dich zukommen, die es verstehen.

Wir sehen uns morgen im nächsten Monat.
Ich werde auf dich warten!
Dein Wennjetz Sommerwehr

Februar

Der zweite Monat im Jahr und
gleichzeitig der kürzeste.
Du wirst langsam durch den
Winter getragen und egal, wie
trist der Winter und unerträglich
die Gedanken sein können,
wir kommen dem Frühling und
damit den besonnenen Gedanken
immer näher.
Ich freue mich drauf.

Vielleicht dringen ja nun schon
ein paar Sonnenstrahlen durch
den Nebel im Kopf und bringen
etwas Licht ins Dunkle.
Vielleicht werden einige
Gedanken klarer, aber selbst,
wenn nicht und du noch etwas
Zeit brauchst, bin ich stolz auf
dich.

Was hast du nächste Woche vor?

Montag . . . .

. . . .

. . . .

. . . .

Dienstag . . . .

. . . .

. . . .

. . . .

Mittwoch . . . .

. . . .

. . . .

. . . .

Donnerstag . . . .

. . . .

. . . .

. . . .

Freitag . . . .

. . . .

. . . .

. . . .

. . . .

Samstag . . . .

. . . .

. . . .

. . . .

. . . .

. . . .

Sonntag . . . .

. . . .

. . . .

. . . .

. . . .

. . . .

Markiere in rot das, was du machen musst
Und in grün das, was du gerne machst und worauf du dich freust

Montag **01. Februar 2021**

Wie war dein Start in den Monat?

. . . .

. . . .

. . . .

. . . .

Was hast du heute gemacht?

. . . .

. . . .

. . . .

. . . .

Was hat die Person im Spiegel von dir gedacht, als sie dich heute morgen gesehen hat?

. . . .

. . . .

. . . .

. . . .

Was hättest du ihr gern gesagt?

Hört die Person im Spiegel dir denn zu?

Was muss passieren, damit du dich in deiner Haut wohl fühlst?

In der Individualität eines Menschen liegt die Schönheit.
Im Hinterherlaufen von Trends liegt Fadheit und Langeweile.
Hör auf, dich andauernd zu vergleichen.
Du bist wunderschön!
Denk immer dran! Immer!

Dienstag **02. Februar 2021**

Wie ging es dir heute?

. . . .

. . . .

. . . .

Was hast du gemacht?

. . . .

. . . .

. . . .

. . . .

Wie waren deine Gedanken zu dir?

. . . .

. . . .

. . . .

. . . .

. . . .

. . . .

Spürst du schon, dass die Tage länger und heller werden? . . . .

. . . .

. . . .

Was hat dir heute den Tag gerettet?

. . . .

. . . .

. . . .

. . . .

Hat dir heute was gefehlt?

. . . .

. . . .

. . . .

. . . .

Schlaf gut, ich bleibe hier und werde wieder auf dich warten. Versprochen!

Mittwoch **03. Februar 2021**

Hast du den Mittwoch gut überstanden?

. . . .

. . . .

Was hast du heute gemacht?

. . . .

. . . .

. . . .

. . . .

. . . .

. . . .

Worüber hast du dir heute den Kopf zerbrochen? . .

. . . .

. . . .

. . . .

. . . .

Was hättest du heute wem noch gern gesagt?

. . . .

. . . .

. . . .

Wann bist du heute wieder nach Hause gekommen?

. . . .

. . . .

Wie war es, als du wieder ins Bett fallen konntest?

. . . .

. . . .

. . . .

. . . .

Ich weiß, wie anstrengend ein Tag sein kann.
Ruh dich aus. Du hast es dir verdient.
Ich wache über deinen Schlaf und dann sehen wir uns morgen.

Donnerstag 04. Februar 2021

Schön, dich zu sehen.

Wie hast du geschlafen?

. . . .

. . . .

. . . .

Konntest du gut einschlafen?

. . . .

. . . .

Was raubt dir nachts den Schlaf?

. . . .

. . . .

. . . .

. . . .

. . . .

. . . .

Was hast du heute Schönes gemacht?

Welche Musik hast du heute gehört?

Wie hast du dich heute gefühlt?

Morgen ist Freitag und dann haben wir die Woche geschafft.
Bis dann, schlaf gut!

Freitag **05. Februar 2021**

Wie war dein Freitag?

. . . .

. . . .

. . . .

. . . .

Was hast du gemacht?

. . . .

. . . .

. . . .

. . . .

Wie hast du dich dabei gefühlt?

. . . .

. . . .

. . . .

. . . .

Was haben deine Gedanken heute gemacht?

Haben sie sich gut benommen?

Wovor hast du Angst?

Morgen ist Wochenende.
Da erholen wir uns beide erstmal von dem Stress der Woche. Ich bin stolz auf dich!

Samstag 06. Februar 2021

Konntest du ausschlafen oder wurdest du geweckt?

. . . .

. . . .

. . . .

. . . .

Wovon wurdest du geweckt?

. . . .

. . . .

Wann bist du gestern einschlafen?

. . . .

. . . .

War die Zeit gut?

. . . .

. . . .

Was hast du heute gemacht?

. . . .

. . . .

. . . .

. . . .

Wie fühlst du dich?

. . . .

. . . .

. . . .

. . . .

Bist du zufrieden mit deiner Woche?

. . . .

. . . .

. . . .

Nimm dir morgen nochmal Zeit für dich und mach dir einen schönen Sonntag. Vielleicht gehst du draußen mit etwas Musik spazieren oder du schaust zuhause einen schönen Film.

Sonntag **07. Februar 2021**

Hast du dieses Wochenende etwas für dich machen können?

. . . .

. . . .

. . . .

. . . .

Was hast du heute gemacht?

. . . .

. . . .

. . . .

. . . .

Hast du genug Schlaf nachholen können?

. . . .

. . . .

. . . .

. . . .

Hast du genug gegessen und getrunken?

Warst du heute draußen?

Hat heute die Sonne geschienen?

Werden deine Gedanken heller?

Das Wochenende ging schon wieder schnell vorüber. Morgen bin ich wieder für dich da.
Schlaf gut!

! Für den Notfall !

Die Gedanken, die dich nicht in Frieden lassen, dir dein Lächeln und den Schlaf rauben:

Du bist stark! Wir schaffen das!

Was hast du nächste Woche vor?

Montag . . . .

. . . .

. . . .

. . . .

Dienstag . . . .

. . . .

. . . .

. . . .

Mittwoch . . . .

. . . .

. . . .

. . . .

Donnerstag . . . .

. . . .

. . . .

. . . .

Freitag

Samstag

Sonntag

Markiere in rot das, was du machen musst
Und in grün das, was du gerne machst und worauf du dich freust

Montag 08. Februar 2021

Wie war dein Start in die Woche?

. . . .

. . . .

. . . .

. . . .

Was hast du heute gemacht?

. . . .

. . . .

. . . .

. . . .

Was hat die Person im Spiegel von dir gedacht, als sie dich heute morgen gesehen hat?

. . . .

. . . .

. . . .

. . . .

Was hättest du ihr gern gesagt?

Hört die Person im Spiegel dir zu?

Was muss passieren, damit du dich in deiner Haut wohl fühlst?

In der Individualität eines Menschen liegt
die Schönheit.
Im Hinterherlaufen von Trends liegt
Fadheit und Langeweile.
Hör auf, dich andauernd zu vergleichen.
Du bist wunderschön!
Denk immer dran! Immer!

Dienstag 09. Februar 2021

Wie ging es dir heute?

. . . .

. . . .

. . . .

Was hast du gemacht?

. . . .

. . . .

. . . .

. . . .

Wie waren deine Gedanken zu dir?

. . . .

. . . .

. . . .

. . . .

. . . .

. . . .

Spürst du schon, dass die Tage länger und heller werden? . . . .

. . . .

. . . .

Was hat dir heute den Tag gerettet?

. . . .

. . . .

. . . .

. . . .

Hat dir heute was gefehlt?

. . . .

. . . .

. . . .

. . . .

Schlaf gut, ich bleibe hier und werde wieder auf dich warten. Versprochen!

Mittwoch 10. Februar 2021

Hast du den Mittwoch gut überstanden?

Was hast du heute gemacht?

Worüber hast du dir heute den Kopf zerbrochen?

Was hättest du heute wem noch gern gesagt?

Wann bist du heute wieder nach Hause gekommen?

Wie war es, als du wieder ins Bett fallen konntest?

Ich weiß, wie anstrengend ein Tag sein kann.
Ruh dich aus. Du hast es dir verdient.
Ich wache über deinen Schlaf und dann sehen wir uns morgen.

Donnerstag 11. Februar 2021

Schön, dich wieder zu sehen.

Wie hast du geschlafen?

. . . .

. . . .

. . . .

Konntest du gut einschlafen?

. . . .

. . . .

Was raubt dir nachts den Schlaf?

. . . .

. . . .

. . . .

. . . .

. . . .

. . . .

Was hast du heute Schönes gemacht?

Welche Musik hast du heute gehört?

Wie hast du dich heute gefühlt?

Morgen ist Freitag und dann haben wir die Woche geschafft.
Bis dann, schlaf gut!

Freitag 12. Februar 2021

Wie war dein Freitag?

. . . .

. . . .

. . . .

. . . .

Was hast du gemacht?

. . . .

. . . .

. . . .

. . . .

Wie hast du dich dabei gefühlt?

. . . .

. . . .

. . . .

. . . .

Was haben deine Gedanken heute gemacht?

. . . .

. . . .

. . . .

. . . .

Haben sie sich gut benommen?

. . . .

. . . .

. . . .

Wovor hast du Angst?

. . . .

. . . .

. . . .

. . . .

Morgen ist Wochenende.
Da erholen wir uns beide erstmal von dem Stress der Woche.
Ich bin stolz auf dich!

Samstag 13. Februar 2021

Konntest du ausschlafen oder wurdest du geweckt?

. . . .

. . . .

. . . .

. . . .

Wovon wurdest du geweckt?

. . . .

. . . .

Wann bist du gestern einschlafen?

. . . .

. . . .

War die Zeit gut?

. . . .

. . . .

Was hast du heute gemacht?

. . . .

. . . .

. . . .

. . . .

Wie fühlst du dich?

. . . .

. . . .

. . . .

. . . .

Bist du zufrieden mit deiner Woche?

. . . .

. . . .

. . . .

Nimm dir morgen nochmal Zeit für dich und mach dir einen schönen Sonntag. Vielleicht gehst du draußen mit etwas Musik spazieren oder du schaust zuhause wieder einen schönen Film.

Sonntag 14. Februar 2021

Hast du dieses Wochenende etwas für dich machen können?

. . . .

. . . .

. . . .

. . . .

Was hast du heute gemacht?

. . . .

. . . .

. . . .

. . . .

Hast du genug Schlaf nachholen können?

. . . .

. . . .

. . . .

. . . .

Hast du genug gegessen und getrunken?

Warst du heute draußen?

Hat heute die Sonne geschienen?

Werden deine Gedanken heller?

Das Wochenende ging schon wieder schnell vorüber. Morgen bin ich wieder für dich da.
Schlaf gut!

Für den Notfall !

Die Gedanken, die dich nicht in Frieden lassen, dir dein Lächeln und den Schlaf rauben:

. . . .

. . . .

. . . .

. . . .

. . . .

. . . .

. . . .

. . . .

. . . .

. . . .

. . . .

. . . .

. . . .

. . . .

. . . .

. . . .

. . . .

Du bist stark! Wir schaffen das!

Was hast du nächste Woche vor?

Montag . . . .

. . . .

. . . .

. . . .

Dienstag . . . .

. . . .

. . . .

. . . .

Mittwoch . . . .

. . . .

. . . .

. . . .

Donnerstag . . . .

. . . .

. . . .

. . . .

Freitag . . . .

. . . .

. . . .

. . . .

. . . .

Samstag . . . .

. . . .

. . . .

. . . .

. . . .

. . . .

Sonntag . . . .

. . . .

. . . .

. . . .

. . . .

. . . .

Markiere in rot das, was du machen musst
Und in grün das, was du gerne machst und worauf du dich freust

Montag **15. Februar 2021**

Wie war dein Start in die Woche?

. . . .

. . . .

. . . .

. . . .

Was hast du heute gemacht?

. . . .

. . . .

. . . .

. . . .

Was hat die Person im Spiegel von dir gedacht, als sie dich heute morgen gesehen hat?

. . . .

. . . .

. . . .

. . . .

Was hättest du ihr gern gesagt?

Hört die Person im Spiegel dir zu?

Was muss passieren, damit du dich in deiner Haut wohl fühlst?

In der Individualität eines Menschen liegt
die Schönheit.
Im Hinterherlaufen von Trends liegt
Fadheit und Langeweile.
Hör auf, dich andauernd zu vergleichen.
Du bist wunderschön!
Denk immer dran!

Dienstag **16. Februar 2021**

Wie ging es dir heute?

. . . .

. . . .

. . . .

Was hast du gemacht?

. . . .

. . . .

. . . .

. . . .

Wie waren deine Gedanken zu dir?

. . . .

. . . .

. . . .

. . . .

. . . .

. . . .

Sind die Tage mittlerweile etwas heller und länger?

Was hat dir heute den Tag gerettet?

Hat dir heute was gefehlt?

Schlaf gut, ich bleibe hier und werde wieder auf dich warten. Versprochen!

Mittwoch **17. Februar 2021**

Hast du den Mittwoch gut überstanden?

. . . .

. . . .

Was hast du heute gemacht?

. . . .

. . . .

. . . .

. . . .

. . . .

. . . .

Worüber hast du dir heute den Kopf zerbrochen? . .

. . . .

. . . .

. . . .

. . . .

Was hättest du heute wem noch gern gesagt?

. . . .

. . . .

. . . .

Wann bist du heute wieder nach Hause gekommen?

. . . .

. . . .

Wie war es, als du wieder ins Bett fallen konntest?

. . . .

. . . .

. . . .

. . . .

Ich weiß, wie anstrengend ein Tag sein kann.
Ruh dich aus. Du hast es dir verdient.
Ich wache über deinen Schlaf und dann sehen wir uns morgen.

Donnerstag 18. Februar 2021

Schön, dich zu sehen.

Wie hast du geschlafen?

. . . .

. . . .

. . . .

Konntest du gut einschlafen?

. . . .

. . . .

Was raubt dir nachts den Schlaf?

. . . .

. . . .

. . . .

. . . .

. . . .

. . . .

Was hast du heute Schönes gemacht?

Welche Musik hast du heute gehört?

Wie hast du dich heute gefühlt?

Morgen ist Freitag und dann haben wir die Woche geschafft.
Bis dann, schlaf gut!

Freitag 19. Februar 2021

Wie war dein Freitag?

. . . .

. . . .

. . . .

. . . .

Was hast du gemacht?

. . . .

. . . .

. . . .

. . . .

Wie hast du dich dabei gefühlt?

. . . .

. . . .

. . . .

. . . .

Was haben deine Gedanken heute gemacht?

Haben sie sich gut benommen?

Wovor hast du Angst?

Morgen ist Wochenende.
Da erholen wir uns beide erstmal von dem Stress der Woche. Ich bin stolz auf dich!

Samstag **20. Februar 2021**

Konntest du ausschlafen oder wurdest du geweckt?

. . . .

. . . .

. . . .

. . . .

Wovon wurdest du geweckt?

. . . .

. . . .

Wann bist du gestern einschlafen?

. . . .

. . . .

War die Zeit gut?

. . . .

. . . .

Was hast du heute gemacht?

. . . .

. . . .

. . . .

. . . .

Wie fühlst du dich?

. . . .

. . . .

. . . .

. . . .

Bist du zufrieden mit deiner Woche?

. . . .

. . . .

. . . .

Nimm dir morgen nochmal Zeit für dich und mach dir einen schönen Sonntag. Vielleicht gehst du draußen mit etwas Musik spazieren oder du schaust zuhause einen Film, eine Serie oder einfach was du magst.

Sonntag **21. Februar 2021**

Hast du dieses Wochenende etwas für dich machen können?

. . . .

. . . .

. . . .

. . . .

Was hast du heute gemacht?

. . . .

. . . .

. . . .

. . . .

Hast du genug Schlaf nachholen können?

. . . .

. . . .

. . . .

. . . .

Hast du genug gegessen und getrunken?

. . . .

. . . .

. . . .

. . . .

Warst du heute draußen?

. . . .

. . . .

. . . .

. . . .

Hat heute die Sonne geschienen?

. . . .

. . . .

Werden deine Gedanken heller?

. . . .

. . . .

Das Wochenende ging schon wieder schnell vorüber.

Morgen bin ich wieder für dich da.

Für den Notfall !

Die Gedanken, die dich nicht in Frieden lassen, dir dein Lächeln und den Schlaf rauben:

....

....

....

....

....

....

....

....

....

....

....

....

....

....

....

....

....

Du bist stark! Wir schaffen das!

Was hast du nächste Woche vor?

Montag . . . .

. . . .

. . . .

. . . .

Dienstag . . . .

. . . .

. . . .

. . . .

Mittwoch . . . .

. . . .

. . . .

. . . .

Donnerstag . . . .

. . . .

. . . .

. . . .

Freitag . . . .

. . . .

. . . .

. . . .

. . . .

Samstag . . . .

. . . .

. . . .

. . . .

. . . .

. . . .

Sonntag . . . .

. . . .

. . . .

. . . .

. . . .

. . . .

Markiere in rot das, was du machen musst
Und in grün das, was du gerne machst und worauf du dich freust

Montag **22. Februar 2021**

Wie war dein Start in die Woche?

. . . .

. . . .

. . . .

. . . .

Was hast du heute gemacht?

. . . .

. . . .

. . . .

. . . .

Was hat die Person im Spiegel von dir gedacht, als sie dich heute morgen gesehen hat?

. . . .

. . . .

. . . .

. . . .

Was hättest du ihr gern gesagt?

. . . .

. . . .

. . . .

. . . .

Hört die Person im Spiegel dir zu?

. . . .

. . . .

Was muss passieren, damit du dich in deiner Haut wohl fühlst?

. . . .

. . . .

. . . .

In der Individualität eines Menschen liegt
die Schönheit.
Im Hinterherlaufen von Trends liegt
Fadheit und Langeweile.
Hör auf, dich andauernd zu vergleichen.
Du bist wunderschön!
Denk immer dran! Immer!

Dienstag — 23. Februar 2021

Wie ging es dir heute?

Was hast du gemacht?

Wie waren deine Gedanken zu dir?

Spürst du schon, dass die Tage länger und heller werden? . . . .

. . . .

. . . .

Was hat dir heute den Tag gerettet?

. . . .

. . . .

. . . .

. . . .

Hat dir heute was gefehlt?

. . . .

. . . .

. . . .

. . . .

Schlaf gut, ich bleibe hier und werde wieder auf dich warten. Versprochen!

Mittwoch 24. Februar 2021

Hast du den Mittwoch gut überstanden?

. . . .

. . . .

Was hast du heute gemacht?

. . . .

. . . .

. . . .

. . . .

. . . .

. . . .

Worüber hast du dir heute den Kopf zerbrochen? . .

. . . .

. . . .

. . . .

. . . .

Was hättest du heute wem noch gern gesagt?

. . . .

. . . .

. . . .

Wann bist du heute wieder nach Hause gekommen?

. . . .

. . . .

Wie war es, als du wieder ins Bett fallen konntest?

. . . .

. . . .

. . . .

. . . .

Ich weiß, wie anstrengend ein Tag sein kann.
Ruh dich aus. Du hast es dir verdient.
Ich wache über deinen Schlaf und dann sehen wir uns morgen.

Donnerstag **25. Februar 2021**

Schön, dich zu sehen.

Wie hast du geschlafen?

. . . .

. . . .

. . . .

Konntest du gut einschlafen?

. . . .

. . . .

Was raubt dir nachts den Schlaf?

. . . .

. . . .

. . . .

. . . .

. . . .

. . . .

Was hast du heute Schönes gemacht?

. . . .

. . . .

. . . .

. . . .

. . . .

. . . .

Welche Musik hast du heute gehört?

. . . .

. . . .

. . . .

. . . .

Wie hast du dich heute gefühlt?

. . . .

. . . .

. . . .

Morgen ist Freitag und dann haben wir die Woche geschafft.
Bis dann, schlaf gut!

Freitag **26. Februar 2021**

Wie war dein Freitag?

. . . .

. . . .

. . . .

. . . .

Was hast du gemacht?

. . . .

. . . .

. . . .

. . . .

Wie hast du dich dabei gefühlt?

. . . .

. . . .

. . . .

. . . .

Was haben deine Gedanken heute gemacht?

. . . .

. . . .

. . . .

. . . .

Haben sie sich gut benommen?

. . . .

. . . .

. . . .

Wovor hast du Angst?

. . . .

. . . .

. . . .

. . . .

Morgen ist Wochenende.
Da erholen wir uns beide erstmal von dem Stress der Woche. Ich bin stolz auf dich!

Samstag 27. Februar 2021

Konntest du ausschlafen oder wurdest du geweckt?

. . . .

. . . .

. . . .

. . . .

Wovon wurdest du geweckt?

. . . .

. . . .

Wann bist du gestern einschlafen?

. . . .

. . . .

War die Zeit gut?

. . . .

. . . .

Was hast du heute gemacht?

. . . .

. . . .

. . . .

. . . .

Wie fühlst du dich?

. . . .

. . . .

. . . .

. . . .

Bist du zufrieden mit deiner Woche?

. . . .

. . . .

. . . .

Nimm dir morgen nochmal Zeit für dich und mach dir einen schönen Sonntag. Vielleicht gehst du draußen mit etwas Musik spazieren oder du machst es dir zuhause gemütlich und tust das, worauf du Lust hast.

Sonntag 28. Februar 2021

Hast du dieses Wochenende etwas für dich machen können?

. . . .

. . . .

. . . .

. . . .

Was hast du heute gemacht?

. . . .

. . . .

. . . .

. . . .

Hast du genug Schlaf nachholen können?

. . . .

. . . .

. . . .

. . . .

Hast du genug gegessen und getrunken?

. . . .

. . . .

. . . .

. . . .

Warst du heute draußen?

. . . .

. . . .

. . . .

. . . .

Hat heute die Sonne geschienen?

. . . .

. . . .

Werden deine Gedanken heller?

. . . .

. . . .

Das Wochenende ging schon wieder schnell vorüber. Morgen beginnt schon der März.

Der Februar

Wie war deine Stimmung diesen Monat?

. . . .

. . . .

Und wenn dich jemand anderes als ich fragen würde, was würdest du der Person dann sagen?

. . . .

. . . .

Welche Farbe kam diesen Monat am häufigsten in der Ecke vor? . . . .

Welche Farbe wünschst du dir für die nächsten Monate? . . . .

Welche Lieder hast du am häufigsten gehört?

. . . .

. . . .

. . . .

. . . .

Welcher Tag war der beste Tag des Monats?

. . . .

. . . .

Und was ist an diesem Tag passiert?

. . . .

. . . .

. . . .

. . . .

Wie war die Person im Spiegel zu dir?
Was hat sie von dir gedacht?

. . . .

. . . .

. . . .

. . . .

. . . .

. . . .

. . . .

. . . .

. . . .

Glaub mir, du bist wunderschön!

Welche Gedanken wandern dir oft durch den Kopf und wurden nie ausgesprochen?

. . . .

. . . .

. . . .

. . . .

. . . .

. . . .

. . . .

. . . .

Trau dich! Du hast nur ein Leben, also auch nur ein Leben lang Zeit, zu denken und zu sprechen.

Wie laut waren diese Gedanken?

1 2 3 4 5 6 7 8 9 10

Wie gut kamst du damit zurecht?

10 9 8 7 6 5 4 3 2 1

Auf den nächsten vier Seiten teile ich Gedanken mit dir, die sich um das Selbstbild und zumeist verzerrte Bild von uns Menschen drehen.

Wir sehen uns morgen im nächsten Monat.
Ich werde auf dich warten!
Dein Wennjetz Sommerwehr

Mit müden Augen schleppe ich mich die Treppe hoch, gehe an meinem Schlafzimmer vorbei und sehe mich dabei selbst im Spiegel.
Ich schaue in meine eigenen Augen.
Und dieser Moment könnte so magisch sein, denn nur, wenn man in den Spiegel schaut, kann man sich selbst visuell wahrnehmen und sehen, wer man eigentlich ist.
Aber nein.
Jegliche Magie verfliegt, denn das Erste, was ich sehe, sind meine Macken, Ecken und Kanten.
Ein Pickel auf der Stirn, nicht perfekt sitzende Haare, nicht das perfekte Lächeln…

Wenn ich mich selbst im Spiegel betrachte, beginnen meine Augen zu rasen und springen von Macke zu Macke zu Ecke zu Kante.
Meine eigenen Augen sprechen mit den Blicken, die ich mir selbst zuwerfe, Urteile aus.
Zu sagen, ich wäre unzufrieden wäre untertrieben.
Und so geht es vielen Menschen, denn der urteilende Blick kommt nicht von irgendwo.

Wir sehen nicht zuerst unsere Macken, weil sie nicht zu übersehen sind, sondern weil andere Menschen uns pausenlos darauf hingewiesen haben, dass wir anders sind und eben nicht perfekt.
Mit Worten, Bemerkungen, Blicken der Verachtung, wenn man anders aussieht und Blicken der Bewunderung, wenn jemand anderes perfekt aussieht.
Die Worte und Bemerkungen übernehmen wir eins zu eins und sind in Selbstgesprächen noch unfairer zu uns selbst, als ein Außenstehender es sein könnte.
Und die Blicke der Verachtung und Verurteilung werfen wir uns selbst zu, wenn wir uns trauen, in den Spiegel zu schauen.

Wir beneiden jeden, der perfekt ist und vergessen dabei vollkommen, dass genau das, was nicht perfekt ist, eigentlich perfekt ist.
Aber woher soll man das denn auch wissen?

Die Gesellschaft vermittelt in der Öffentlichkeit das Bild eines perfekten Menschen.

Und mit den ganzen Produkten, die überall mit Gesichtern von perfekten Menschen beworben werden und uns so aussehen lassen können wie ebendiese perfekten Menschen, wird uns das Gefühl gegeben, es wäre normal und total menschlich, dass man genauso aussehen will oder schlimmer noch „muss".

Hast du dir schon einmal Gedanken gemacht, wie unfair du zu dir selbst bist?
Hast du dir schon mal Gedanken darüber gemacht, wie unfair du deinem jüngeren Ich gegenüber bist?
Deinem jüngeren Ich, der gerade im Kindergarten oder der Grundschule umhertollt und dem egal ist, wie er aussieht oder ob er in ein gesellschaftliches Bild passt oder viele Freunde hat, sondern sich einfach und bedingungslos an seinem Leben und seiner Existenz erfreut.

Was würde dein jüngeres Ich sagen, wenn du ihm gestehen musst, dass er sich später selbst hassen wird und nicht mehr unbefangen raus gehen kann, nur weil es ihm andere Leute gesagt haben, die in dem Chaos dieser Gesellschaft jegliches Gefühl für Schönheit verloren haben und stumpf alles, was nicht dem Ideal entspricht, als hässlich bezeichnen…?

Wir Menschen verlieren unser Gesicht, aber überleg mal, wie stolz dein jüngeres Ich wäre, wenn es erfährt, dass du dich in Zukunft selbst akzeptierst und liebst und zwar genauso wie du bist und egal, was andere zu dir sagen.

Erst, wenn du in den Spiegel schaust, dir mit deinen Blicken und deinen Gedanken sagst, dass du perfekt bist, so wie du bist, wirst du auch anderen glauben können, wenn sie sagen, dass sie dich schön finden.
Du bist wunderschön!
Und das würde ich dir ausdrücklich ins Gesicht sagen.

Doch egal, mit wie viel Ausdruck, wie kreativ ich mein Kompliment umschreibe, egal wie laut ich spreche, fast schon schreie, und egal, wie groß und fett ich schreibe, meine Energie und meine Gedanken, die ich mir darum gemacht habe, würden sich total verlaufen im unendlichen Sand deiner Selbstzweifel und wäre am Ende verschwendet.
Denn du bist wunderschön!
Du bist wunderschön!
Du bist perfekt!
Lass dir nichts anderes sagen!

März

Der dritte Monat und bald kommt
der Anfang des Frühlings.

Wir haben den Winter
überstanden.

Lass dich nicht von den
Erwartungen einschüchtern,
dass du jetzt, wo der Winter
vorbei ist,
heller strahlen und breiter grinsen
sollst als die Sonne.
Ich weiß ganz genau, wie sehr
Erwartungen von außen einen in
eine Ecke drängen können.
Mach alles in deinem eigenen
Tempo.
Ich bleibe bei dir und wenn es
sein muss, werde ich warten.

Was hast du nächste Woche vor?

Montag . . . .

Dienstag . . . .

Mittwoch . . . .

Donnerstag . . . .

Freitag . . . .

. . . .

. . . .

. . . .

. . . .

Samstag . . . .

. . . .

. . . .

. . . .

. . . .

. . . .

Sonntag . . . .

. . . .

. . . .

. . . .

. . . .

. . . .

Markiere in rot das, was du machen musst
Und in grün das, was du gerne machst und worauf du dich freust

Montag **01. März 2021**

Danke, dass ich dich noch auf deinem Weg durch dieses Chaos begleiten darf…

Was hast du heute gemacht?

. . . .

. . . .

. . . .

. . . .

. . . .

Wie war das Wetter?

. . . .

. . . .

. . . .

Ist der Frühling schon da?

. . . .

. . . .

. . . .

. . . .

Hast du heute etwas Zeit draußen verbracht?

. . . .

. . . .

. . . .

Werden die Tage besser als im Winter?

. . . .

. . . .

. . . .

. . . .

Hat dir heute etwas ein Lächeln auf die Lippen gezaubert? . . . .

. . . .

. . . .

Oder eine Träne in die Augen?

. . . .

. . . .

Bis morgen. Erhol dich gut.

Dienstag **02. März 2021**

Wie geht's dir?

. . . .

. . . .

Wie war dein Tagesablauf?

. . . .

. . . .

. . . .

. . . .

. . . .

. . . .

Was lief davon gut?

. . . .

. . . .

. . . .

Was lief vielleicht nicht so gut?

. . . .

. . . .

Was hättest du heute gern auf dieser Erde geändert?

. . . .

. . . .

. . . .

. . . .

. . . .

. . . .

. . . .

. . . .

. . . .

. . . .

. . . .

. . . .

Reicht der Platz dafür überhaupt?

Konzentrier dich auf die positiven Dinge, auch, wenn sie zu finden, manchmal sehr schwer ist.

Mittwoch **03. März 2021**

Die Hälfte der Woche ist um.

Wie fühlst du dich?

. . . .

. . . .

. . . .

. . . .

Bist du zufrieden mit dem, was du heute geschafft hast?

. . . .

. . . .

. . . .

. . . .

. . . .

. . . .

. . . .

. . . .

. . . .

Was hättest du noch gern geschafft?

. . . .

. . . .

. . . .

. . . .

Sei nicht zu hart zu dir selbst!
Aber schieb es auch nicht zu weit auf!

Wenn du heute ein Wunsch frei gehabt hättest, was hättest du dir gewünscht?

. . . .

. . . .

. . . .

. . . .

. . . .

. . . .

Ruh dich aus.
Wir sehen uns morgen wieder.

Donnerstag **04. März 2021**

Wie geht es dir heute?

. . . .

. . . .

. . . .

. . . .

Was hast du heute gemacht?

. . . .

. . . .

. . . .

. . . .

. . . .

. . . .

Bist du diese Woche fair zu dir gewesen?

. . . .

. . . .

. . . .

. . . .

Was für Musik hast du heute gehört?

Wie waren deine Gedanken heute zu dir?

War der Tag geordnet oder chaotisch?

Ordnung ist doch auf Dauer langweilig, oder nicht?
Verlier dich mal im Chaos, aber finde bitte wieder heraus.
Ich möchte das Wochenende nicht allein sein.

Freitag 05. März 2021

Wir haben die Woche geschafft!
Ich bin stolz auf dich.

Wie geht es dir?

. . . .

. . . .

. . . .

Was hast du heute gemacht?

. . . .

. . . .

. . . .

. . . .

. . . .

. . . .

Was hast du heute nicht gemacht?

. . . .

. . . .

. . . .

Hast du diese Woche mehr Fragen gestellt oder mehr Antworten gegeben?

. . . .

. . . .

. . . .

. . . .

. . . .

. . . .

War das gut so oder hättest du es lieber andersrum gehabt?

. . . .

. . . .

. . . .

. . . .

Es können immer mehr Fragen gestellt werden, als es überhaupt Antworten gibt. Manchmal ist es besser, nicht zuzuhören.

Samstag **06. März 2021**

Wie fühlst du dich?

. . . .

. . . .

. . . .

. . . .

Was hast du heute gemacht?

. . . .

. . . .

. . . .

. . . .

. . . .

. . . .

Wie war dein Schlaf diese Woche?

. . . .

. . . .

. . . .

. . . .

Hast du diese Woche gelacht?

. . . .

. . . .

. . . .

. . . .

Hast du diese Woche ehrlich gelacht?

. . . .

. . . .

. . . .

. . . .

Hast du diese Woche geweint?

. . . .

. . . .

. . . .

Denk dran, du bist mit deinen Tränen
nicht allein.
Bis morgen.

Sonntag **07. März 2021**

Wie geht's dir heute?

. . . .

. . . .

. . . .

. . . .

Wie hast du deinen Sonntag verbracht?

. . . .

. . . .

. . . .

. . . .

Hast du den Tag für dich nutzen können?

. . . .

. . . .

Wie hast du diese Nacht geschlafen?

. . . .

. . . .

Welches Lied hast du diese Woche sehr oft gehört?

. . . .

. . . .

. . . .

. . . .

Was hat dir diese Woche gefehlt?

. . . .

. . . .

. . . .

. . . .

Hat sich diese Woche hingezogen oder ging sie schnell um?

. . . .

. . . .

. . . .

. . . .

Hab morgen einen guten Start in die Woche.
Ich warte hier auf dich.

Für den Notfall !

Die Gedanken, die dich nicht in Frieden lassen, dir dein Lächeln und den Schlaf rauben:

. . . .

. . . .

. . . .

. . . .

. . . .

. . . .

. . . .

. . . .

. . . .

. . . .

. . . .

. . . .

. . . .

. . . .

. . . .

. . . .

. . . .

Du bist stark! Wir schaffen das!

Was hast du nächste Woche vor?

Montag . . . .

. . . .

. . . .

. . . .

Dienstag . . . .

. . . .

. . . .

. . . .

Mittwoch . . . .

. . . .

. . . .

. . . .

Donnerstag . . . .

. . . .

. . . .

. . . .

Freitag . . . .

. . . .

. . . .

. . . .

. . . .

Samstag . . . .

. . . .

. . . .

. . . .

. . . .

. . . .

Sonntag . . . .

. . . .

. . . .

. . . .

. . . .

. . . .

Markiere in rot das, was du machen musst
Und in grün das, was du gerne machst und worauf du dich freust

Montag **08. März 2021**

Danke, dass ich dich noch auf deinem Weg durch dieses Chaos begleiten darf…
Wir packen die Woche zusammen.

Was hast du heute gemacht?

. . . .

. . . .

. . . .

. . . .

. . . .

Wie war das Wetter?

. . . .

. . . .

. . . .

Ist der Frühling schon da?

. . . .

. . . .

. . . .

. . . .

Hast du heute etwas Zeit draußen verbracht?

. . . .

. . . .

. . . .

Werden die Tage besser als im Winter?

. . . .

. . . .

. . . .

. . . .

Hat dir heute etwas ein Lächeln auf die Lippen gezaubert? . . . .

. . . .

. . . .

Oder eine Träne in die Augen?

. . . .

. . . .

Bis morgen. Erhol dich gut.

Dienstag 09. März 2021

Wie geht's dir heute?

. . . .

. . . .

Wie war dein Tagesablauf?

. . . .

. . . .

. . . .

. . . .

. . . .

. . . .

Was lief davon gut?

. . . .

. . . .

. . . .

Was lief vielleicht nicht so gut?

. . . .

. . . .

Was hättest du heute gern auf dieser Erde geändert?

. . . .

. . . .

. . . .

. . . .

. . . .

. . . .

. . . .

. . . .

. . . .

. . . .

. . . .

. . . .

Reicht der Platz dafür überhaupt?

Konzentrier dich auf die positiven Dinge, auch, wenn sie zu finden, manchmal sehr schwer ist.
Schön, dass du da bist.

Mittwoch **10. März 2021**

Die Hälfte der Woche ist um.

Wie fühlst du dich?

. . . .

. . . .

. . . .

. . . .

Bist du zufrieden mit dem, was du heute geschafft hast?

. . . .

. . . .

. . . .

. . . .

. . . .

. . . .

. . . .

. . . .

. . . .

Was hättest du noch gern geschafft?

. . . .

. . . .

. . . .

. . . .

Sei nicht zu hart zu dir selbst!
Aber schieb es auch nicht zu weit auf!

Wenn du heute ein Wunsch frei gehabt hättest, was hättest du dir gewünscht?

. . . .

. . . .

. . . .

. . . .

. . . .

. . . .

Ruh dich aus.
Wir sehen uns morgen wieder.

Donnerstag 11. März 2021

Wie geht es dir heute?

. . . .

. . . .

. . . .

. . . .

Was hast du heute gemacht?

. . . .

. . . .

. . . .

. . . .

. . . .

. . . .

Bist du diese Woche fair zu dir gewesen?

. . . .

. . . .

. . . .

. . . .

Was für Musik hast du heute gehört?

. . . .

. . . .

. . . .

. . . .

Wie waren deine Gedanken heute zu dir?

. . . .

. . . .

. . . .

War der Tag geordnet oder chaotisch?

. . . .

. . . .

Ordnung ist doch auf Dauer langweilig, oder nicht?
Verlier dich mal im Chaos, aber finde bitte wieder heraus.
Ich möchte das Wochenende nicht allein sein.

Freitag 12. März 2021

Wir haben die Woche geschafft!
Ich bin stolz auf dich.

Wie geht es dir?

Was hast du heute gemacht?

Was hast du heute nicht gemacht?

Hast du diese Woche mehr Fragen gestellt oder mehr Antworten gegeben?

War das gut so oder hättest du es lieber andersrum gehabt?

Es werden immer mehr Fragen gestellt,
als es Antworten gibt.
Manchmal ist es besser, nicht zuzuhören.

Samstag **13. März 2021**

Wie fühlst du dich?

. . . .

. . . .

. . . .

. . . .

Was hast du heute gemacht?

. . . .

. . . .

. . . .

. . . .

. . . .

. . . .

Wie war dein Schlaf diese Woche?

. . . .

. . . .

. . . .

. . . .

Hast du diese Woche gelacht?

. . . .

. . . .

. . . .

. . . .

Hast du diese Woche ehrlich gelacht?

. . . .

. . . .

. . . .

. . . .

Hast du diese Woche geweint?

. . . .

. . . .

. . . .

Denk immer dran, du bist mit deinen Tränen nicht allein.
Bis morgen.

Sonntag 14. März 2021

Wie geht's dir heute?

. . . .

. . . .

. . . .

. . . .

Wie hast du deinen Sonntag verbracht?

. . . .

. . . .

. . . .

. . . .

Hast du den Tag für dich nutzen können?

. . . .

. . . .

Wie hast du diese Nacht geschlafen?

. . . .

. . . .

Welche Lieder hast du diese Woche sehr oft gehört?

. . . .

. . . .

. . . .

. . . .

Was hat dir diese Woche gefehlt?

. . . .

. . . .

. . . .

. . . .

Hat sich diese Woche hingezogen oder ging sie schnell um?

. . . .

. . . .

. . . .

. . . .

Hab morgen einen guten Start in die Woche.
Ich warte hier auf dich.

Für den Notfall!

Die Gedanken, die dich nicht in Frieden lassen, dir dein Lächeln und den Schlaf rauben:

. . . .

. . . .

. . . .

. . . .

. . . .

. . . .

. . . .

. . . .

. . . .

. . . .

. . . .

. . . .

. . . .

. . . .

. . . .

. . . .

. . . .

Du bist stark! Wir schaffen das!

Was hast du nächste Woche vor?

Montag . . . .

. . . .

. . . .

. . . .

Dienstag . . . .

. . . .

. . . .

. . . .

Mittwoch . . . .

. . . .

. . . .

. . . .

Donnerstag . . . .

. . . .

. . . .

. . . .

Freitag . . . .

. . . .

. . . .

. . . .

. . . .

Samstag . . . .

. . . .

. . . .

. . . .

. . . .

. . . .

Sonntag . . . .

. . . .

. . . .

. . . .

. . . .

. . . .

Markiere in rot das, was du machen musst
Und in grün das, was du gerne machst und worauf du dich freust

Montag 15. März 2021

Danke, dass ich dich noch immer auf deinem Weg durch dieses Chaos begleiten darf…

Was hast du heute gemacht?

. . . .

. . . .

. . . .

. . . .

. . . .

Wie war das Wetter?

. . . .

. . . .

. . . .

Ist der Frühling schon da?

. . . .

. . . .

. . . .

. . . .

Hast du heute etwas Zeit draußen verbracht?

Werden die Tage besser als im Winter?

Hat dir heute etwas ein Lächeln auf die Lippen gezaubert?

Oder eine Träne in die Augen?

Bis morgen. Erhol dich gut.

Dienstag **16. März 2021**

Wie geht's dir?

. . . .

. . . .

Wie war dein Tagesablauf?

. . . .

. . . .

. . . .

. . . .

. . . .

. . . .

Was lief davon gut?

. . . .

. . . .

. . . .

Was lief vielleicht nicht so gut?

. . . .

. . . .

Was hättest du heute gern auf dieser Erde geändert?

Reicht der Platz dafür überhaupt?
Konzentrier dich auf die positiven Dinge, auch, wenn sie zu finden, manchmal sehr schwer ist.
Immer dann, wenn es schwierig ist, positiv zu sein, ist es am wichtigsten.

Mittwoch **17. März 2021**

Die Hälfte der Woche ist um.

Wie fühlst du dich?

. . . .

. . . .

. . . .

. . . .

Bist du zufrieden mit dem, was du heute geschafft hast?

. . . .

. . . .

. . . .

. . . .

. . . .

. . . .

. . . .

. . . .

. . . .

Was hättest du noch gern geschafft?

Sei nicht zu hart zu dir selbst!
Aber schieb es auch nicht zu weit auf!

Wenn du heute ein Wunsch frei gehabt hättest, was hättest du dir gewünscht?

Ruh dich aus.
Wir sehen uns morgen wieder.

Donnerstag **18. März 2021**

Wie geht es dir heute?

. . . .

. . . .

. . . .

. . . .

Was hast du heute gemacht?

. . . .

. . . .

. . . .

. . . .

. . . .

. . . .

Bist du diese Woche fair zu dir gewesen?

. . . .

. . . .

. . . .

. . . .

Was für Musik hast du heute gehört?

. . . .

. . . .

. . . .

. . . .

Wie waren deine Gedanken heute zu dir?

. . . .

. . . .

. . . .

War der Tag geordnet oder chaotisch?

. . . .

. . . .

Ordnung ist doch auf Dauer langweilig, oder nicht?
Verlier dich mal im Chaos, aber finde bitte wieder heraus.
Ich möchte das Wochenende nicht allein sein.

Freitag 19. März 2021

Wir haben die Woche geschafft!
Ich bin stolz auf dich.

Wie geht es dir?

. . . .

. . . .

. . . .

Was hast du heute gemacht?

. . . .

. . . .

. . . .

. . . .

. . . .

. . . .

Was hast du heute nicht gemacht?

. . . .

. . . .

. . . .

Hast du diese Woche mehr Fragen gestellt oder mehr Antworten gegeben?

. . . .

. . . .

. . . .

. . . .

. . . .

. . . .

War das gut so oder hättest du es lieber andersrum gehabt?

. . . .

. . . .

. . . .

. . . .

Es können immer mehr Fragen gestellt werden, als es Antworten geben wird. Manchmal ist es besser, nicht zuzuhören. Es gibt Fragen ohne Antworten, aber ohne Fragen gibt es keine Antworten.

Samstag **20. März 2021**

Wie fühlst du dich?

. . . .

. . . .

. . . .

. . . .

Was hast du heute gemacht?

. . . .

. . . .

. . . .

. . . .

. . . .

. . . .

Wie war dein Schlaf diese Woche?

. . . .

. . . .

. . . .

. . . .

Hast du diese Woche gelacht?

Hast du diese Woche ehrlich gelacht?

Hast du diese Woche geweint?

Denk immer dran, du bist mit deinen Tränen nicht allein.
Bis morgen.

Sonntag **21. März 2021**

Wie geht's dir heute?

. . . .

. . . .

. . . .

. . . .

Wie hast du deinen Sonntag verbracht?

. . . .

. . . .

. . . .

. . . .

Hast du den Tag für dich nutzen können?

. . . .

. . . .

Wie hast du diese Nacht geschlafen?

. . . .

. . . .

Welche Lieder hast du diese Woche sehr oft gehört?

. . . .

. . . .

. . . .

. . . .

Was hat dir diese Woche gefehlt?

. . . .

. . . .

. . . .

Hat sich diese Woche hingezogen oder ging sie schnell um?

. . . .

. . . .

. . . .

. . . .

Hab morgen einen guten Start in die Woche.
Ich warte hier auf dich.

Für den Notfall!

Die Gedanken, die dich nicht in Frieden lassen, dir dein Lächeln und den Schlaf rauben:

Du bist stark! Wir schaffen das!

Was hast du nächste Woche vor?

Montag . . . .

. . . .

. . . .

. . . .

Dienstag . . . .

. . . .

. . . .

. . . .

Mittwoch . . . .

. . . .

. . . .

. . . .

Donnerstag . . . .

. . . .

. . . .

. . . .

Freitag . . . .

. . . .

. . . .

. . . .

. . . .

Samstag . . . .

. . . .

. . . .

. . . .

. . . .

. . . .

Sonntag . . . .

. . . .

. . . .

. . . .

. . . .

. . . .

Markiere in rot das, was du machen musst
Und in grün das, was du gerne machst und worauf du dich freust

Montag **22. März 2021**

Danke, dass ich dich noch auf deinem Weg durch dieses Chaos begleiten darf… Wir packen die Woche zusammen.

Was hast du heute gemacht?

. . . .

. . . .

. . . .

. . . .

. . . .

Wie war das Wetter?

. . . .

. . . .

. . . .

Ist der Frühling schon da?

. . . .

. . . .

. . . .

. . . .

Hast du heute etwas Zeit draußen verbracht?

. . . .

. . . .

. . . .

Werden die Tage besser als im Winter?

. . . .

. . . .

. . . .

. . . .

Hat dir heute etwas ein Lächeln auf die Lippen gezaubert? . . . .

. . . .

. . . .

Oder eine Träne in die Augen?

. . . .

. . . .

Bis morgen. Erhol dich gut.

Dienstag 23. März 2021

Wie geht's dir?

. . . .

. . . .

Wie war dein Tagesablauf?

. . . .

. . . .

. . . .

. . . .

. . . .

. . . .

Was lief davon gut?

. . . .

. . . .

. . . .

Was lief vielleicht nicht so gut?

. . . .

. . . .

Was hättest du heute gern auf dieser Erde geändert?

. . . .

. . . .

. . . .

. . . .

. . . .

. . . .

. . . .

. . . .

. . . .

. . . .

. . . .

. . . .

Reicht der Platz dafür überhaupt?
Konzentrier dich auf die positiven Dinge, auch, wenn sie zu finden, manchmal sehr schwer ist.
Schön, dass du da bist.

Mittwoch 24. März 2021

Die Hälfte der Woche ist schon wieder um.

Wie fühlst du dich?

Bist du zufrieden mit dem, was du heute geschafft hast?

Was hättest du noch gern geschafft?

. . . .

. . . .

. . . .

. . . .

Sei nicht zu hart zu dir selbst!
Aber schieb es auch nicht zu weit auf!

Wenn du heute ein Wunsch frei gehabt hättest, was hättest du dir gewünscht?

. . . .

. . . .

. . . .

. . . .

. . . .

. . . .

Ruh dich aus.
Wir sehen uns morgen wieder.

Donnerstag 25. März 2021

Wie geht es dir heute?

. . . .

. . . .

. . . .

. . . .

Was hast du heute gemacht?

. . . .

. . . .

. . . .

. . . .

. . . .

. . . .

Bist du diese Woche fair zu dir gewesen?

. . . .

. . . .

. . . .

. . . .

Was für Musik hast du heute gehört?

. . . .

. . . .

. . . .

. . . .

Wie waren deine Gedanken heute zu dir?

. . . .

. . . .

. . . .

War der Tag geordnet oder chaotisch?

. . . .

. . . .

Ordnung ist doch auf Dauer langweilig, oder nicht?
Verlier dich mal im Chaos, aber finde bitte wieder heraus.
Ich möchte das Wochenende nicht allein sein.

Freitag **26. März 2021**

Wir haben die Woche geschafft!
Ich bin stolz auf dich.

Wie geht es dir?

. . . .

. . . .

. . . .

Was hast du heute gemacht?

. . . .

. . . .

. . . .

. . . .

. . . .

. . . .

Was hast du heute nicht gemacht?

. . . .

. . . .

. . . .

Hast du diese Woche mehr Fragen gestellt oder mehr Antworten gegeben?

. . . .

. . . .

. . . .

. . . .

. . . .

. . . .

War das gut so oder hättest du es lieber andersrum gehabt?

. . . .

. . . .

. . . .

Welche Frage hättest du gern gestellt?

. . . .

. . . .

. . . .

Samstag **27. März 2021**

Wie fühlst du dich?

. . . .

. . . .

. . . .

. . . .

Was hast du heute gemacht?

. . . .

. . . .

. . . .

. . . .

. . . .

. . . .

Wie war dein Schlaf diese Woche?

. . . .

. . . .

. . . .

. . . .

Hast du diese Woche gelacht?

Hast du diese Woche ehrlich gelacht?

Hast du diese Woche geweint?

Denk dran, du bist mit deinen Tränen
nicht allein.
Bis morgen.

Sonntag **28. März 2021**

Wie geht's dir heute?

. . . .

. . . .

. . . .

. . . .

Wie hast du deinen Sonntag verbracht?

. . . .

. . . .

. . . .

. . . .

Hast du den Tag für dich nutzen können?

. . . .

. . . .

Wie hast du diese Nacht geschlafen?

. . . .

. . . .

Welche Lieder hast du diese Woche sehr oft gehört?

. . . .

. . . .

. . . .

. . . .

Was hat dir diese Woche gefehlt?

. . . .

. . . .

. . . .

. . . .

Hat sich diese Woche hingezogen oder ging sie schnell um?

. . . .

. . . .

. . . .

Hab morgen einen guten Start in die Woche.
Ich warte hier auf dich.

Für den Notfall !

Die Gedanken, die dich nicht in Frieden lassen, dir dein Lächeln und den Schlaf rauben:

Du bist stark! Wir schaffen das!

Was hast du nächste Woche vor?

Montag . . . .

. . . .

. . . .

. . . .

Dienstag . . . .

. . . .

. . . .

. . . .

Mittwoch . . . .

. . . .

. . . .

. . . .

Donnerstag . . . .

. . . .

. . . .

. . . .

Freitag . . . .

. . . .

. . . .

. . . .

. . . .

Samstag . . . .

. . . .

. . . .

. . . .

. . . .

. . . .

Sonntag . . . .

. . . .

. . . .

. . . .

. . . .

. . . .

Markiere in rot das, was du machen musst
Und in grün das, was du gerne machst und worauf du dich freust

Montag **29. März 2021**

Danke, dass ich dich noch auf deinem Weg durch dieses Chaos begleiten darf…

Was hast du heute gemacht?

. . . .

. . . .

. . . .

. . . .

. . . .

Wie war das Wetter?

. . . .

. . . .

. . . .

Ist der Frühling schon da?

. . . .

. . . .

. . . .

. . . .

Hast du heute etwas Zeit draußen verbracht?

. . . .

. . . .

. . . .

Werden die Tage besser als im Winter?

. . . .

. . . .

. . . .

. . . .

Hat dir heute etwas ein Lächeln auf die Lippen gezaubert? . . . .

. . . .

. . . .

Oder eine Träne in die Augen?

. . . .

. . . .

Bis morgen. Erhol dich gut.

Dienstag 30. März 2021

Wie geht's dir?

. . . .

. . . .

Wie war dein Tagesablauf?

. . . .

. . . .

. . . .

. . . .

. . . .

. . . .

Was lief davon gut?

. . . .

. . . .

. . . .

Was lief vielleicht nicht so gut?

. . . .

. . . .

Was hättest du heute gern auf dieser Erde geändert?

. . . .

. . . .

. . . .

. . . .

. . . .

. . . .

. . . .

. . . .

. . . .

. . . .

. . . .

. . . .

Reicht der Platz dafür überhaupt?
Konzentrier dich immer auf die positiven Dinge, auch, wenn sie zu finden, manchmal sehr schwer ist.
Schön, dass du da bist.

Mittwoch **31. März 2021**

Wie war der letzte Tag des Monats?

Wie fühlst du dich?

Bist du zufrieden mit dem, was du heute geschafft hast?

Was hättest du noch gern geschafft?

. . . .

. . . .

. . . .

. . . .

Wenn du heute ein Wunsch frei gehabt hättest, was hättest du dir gewünscht?

. . . .

. . . .

. . . .

. . . .

. . . .

Bist du stolz auf dich?

. . . .

. . . .

. . . .

Wir haben das erste Quartal geschafft!
Du kannst sehr stolz auf dich sein.

Der März

Würden wir uns persönlich kennen,
würde ich jetzt auf deiner Bettkante sitzen
und dir, mit Tränen in den Augen,
ein großes Stück Schokolade geben.
So unheimlich froh bin ich, dass du mit
mir gegangen bist.
So unheimlich stolz bin ich, dass du das
Quartal geschafft hast.
Du bist der Wahnsinn!

Hast du den Monat gut überstanden?

. . . .

. . . .

. . . .

. . . .

Welche Farbe hatte deine Stimmung?

. . . .

. . . .

. . . .

Ist der Frühling jetzt da?

. . . .

Was für Musik hast du diesen Monat gehört und welche der Lieder am meisten?

. . . .

. . . .

. . . .

. . . .

1. . . . .

2. . . . .

3. . . . .

Konntest du dich mit der Stimme im Kopf vertragen?

. . . .

. . . .

. . . .

. . . .

. . . .

. . . .

Mit wem konntest du viel reden?
Wer hat dich verstanden?

. . . .

. . . .

. . . .

. . . .

Konntest du diesen Monat gut schlafen?

. . . .

. . . .

. . . .

Was hat dir diesen Monat gefehlt?

. . . .

. . . .

. . . .

. . . .

Hören wir bald wieder voneinander?

Ja *Nein*

(Ich hoffe doch!)

Der letzte Text des Quartals

Danke,
dass du mir zuhörst.

Die Stimme in meinem Kopf

Vor Jahren noch waren Gedanken für
mich etwas Unbegreifliches, denn früher
habe ich mir noch nie Gedanken über
meine Gedanken gemacht.
Als selbstverständlich habe ich sie
angenommen – die Stimme in meinem
Kopf.
Sie klang mir selbst ähnlich und beim
Lesen von Büchern hat sie manchmal
anders geklungen.
Die Stimme meiner Eltern wiederholten
sich noch Stunden später in meinem Kopf
in genau deren Stimmen.
Aber es waren nicht nur Stimmen.
Bilder schossen durch meinen Kopf wie in
einem Kino.
Erinnerungen und Vorstellungen.
Vergangenheit und Zukunft.
Und alles lief wie von selbst und alles war
gut.
Selbstverständlich habe ich dann die
ersten Dinge in der Schule wie von selbst
verstanden.
Die Stimme im Kopf half mir dabei, meine
ersten Matheaufgaben in der Schule zu
lösen und Buchstaben sauber und in einer
richtigen Reihenfolge niederzuschreiben.

So konnte man mich dann auch stumm verstehen.
Aber auch, wenn ich redete, wurde alles zuvor in Gedanken geformt und dann herausgetragen.
Anfangs weniger, später wurde das Denken über das, was ich sagen wollte, dann mehr.

In der Schule mussten meine Gedanken dann in perfekter Ordnung sein.
Beim Vortragen der Hausaufgaben oder eines Referats mussten die Worte in richtiger Reihenfolge die Brutstätte verlassen.
Die Brutstätte – mein Kopf, in der Gedanken geboren wurden.
Gedanken.
Gedanken laufen eigenständig, auf positive Art und Weise sind sie unkontrollierbar, und rasen in deinem Kopf hin und her, während dir die Stimme in deinem Kopf hilft, die Gedanken zu sortieren, neue Dinge und dich selbst zu verstehen.
Alles in deinem Kopf funktioniert und ist perfekt ausgeglichen.
Bis du einmal ins Stolpern gerätst.

Dann merkst du erst, wie verletzlich dich deine Gedanken machen.
Wie verletzlich dich deine Gedanken machen, vor allem dann, wenn du sie mit anderen Menschen teilst.
Eine Mehrzahl teilt deine Meinung nicht – du wirst überstimmt und ruhiggestellt.
Hast du nicht richtig auf eine Frage geantwortet, wirst du ausgelacht.
So werden deine Gedanken von außen sortiert und beeinflusst.
Dein Kopf wird vollgestopft mit kompliziertem Lehrstoff aus dem Lehrplan der Schule, während alles auf deiner Zukunft begründet wird.
Du musst lernen, ansonsten wird später nichts aus dir.
Und wehe dir, deine Zunge stolpert beim Vortragen eines Referats über deine Gedanken.
Deine Gedanken, die total unkontrollierbar in deinem Kopf hin und her rasen.
Die Stimme, die dir bei der Ordnung deiner Gedanken immer geholfen hat, ist aus Angst, etwas Falsches zu sagen oder zu machen, verstummt und kann dir nicht mehr helfen.

Die Erinnerung an deinen letzten Fehler wird nur überdeckt durch die Vorstellung, wie du wieder ausgelacht wirst, wenn du einen Fehler machst.
Da sind sie wieder.
Vergangenheit und Zukunft.
Die Zukunft…fast vergessen.
Schau dir ihn oder sie an. Sie schreibt nur Einsen, meldet sich oft und wird später einen großartigen Job mit großem Verdienst haben.
Und er ist viel hübscher als du.
Der ständige Vergleich.
Und ich bin still geworden, während alles in meinem Kopf immer lauter wurde.
Aber genau deswegen bin ich ja still geworden.
Ich wollte die Stimme wieder, die mir sonst immer geholfen hat.
Die Stimme, die ein Teil von mir war und immer freundlich zu mir war.
Es war die Stimme in meinem Kopf, die mir, wenn ich Schmerzen hatte, sagte, ich solle zu meiner Mutter gehen.
Und dann ging es mir besser.
Jetzt höre ich mich nur noch dann in dem Chaos wieder, wenn ich mich selbst verurteile.

Jetzt höre ich mich nur noch dann, wenn ich mir sage, ich wäre nicht genug, weil ich aus diesen ständigen Vergleichen mit anderen, keinen anderen Schluss ziehen kann.

Und nur selten kann ich mit jemanden darüber reden, denn meine Stimme hilft mir nicht mehr, die Worte zu finden, die meinen Zustand beschreiben.
Ich weiß nicht, was ich fühle und das fühlt sich nicht gut an.

Am einfachsten wäre es doch, wenn wir alle das Gleiche denken würden.
Aber das geht nicht.
So werden schon früh diejenigen, die anders denken, aussortiert.

Ich rede selten und wenn, dann versteht mich keiner.
Ich wurde aussortiert und die Vorzeigemenschen und Vorzeigepädagogen verlieren in dieser Welt oft ihren eigenen Kopf und vergessen alles über den menschlichen Umgang mit schwierigen Menschen und Schülern, die sich in dem Chaos verlieren.

Verrückte Genies.
Genie und Wahnsinn sind sehr nah beieinander.
Ein Kopf der wahnsinnig schnell Gedanken ausbildet, bildet auch dann wahnsinnig schnell Gedanken aus, wenn jeder Gedanke gegen sich selbst ist.
Reine Selbstzerstörung.
Und niemand hört den stummen Hilfeschrei. Wenn ein Schüler gedankenverloren aus dem Fenster starrt, während der Unterricht an ihm vorbei fliegt, wird den Eltern berichtet, dass er nicht gut aufpasst.
Ein Sorgenkind.
Aber niemand hört den stummen Hilfeschrei.
Jeder Gedanke wird nochmal überdacht und überdacht (überdeckt) von Zweifeln.
Und die Angst vor der Verurteilung, wenn man etwas Falsches sagt, überdeckt die Brillanz eines genialen Verstands.

Herzlichen Glückwunsch liebe Schule.
Ihr nimmt den Schülern die Stimme im Kopf, die ihnen im Chaos hilft.
Herzlichen Glückwunsch liebe Gesellschaft.

Zeit.
Nimm dir mal wieder die Zeit und kümmre dich mal wieder um dich selbst.
Rede mit Leuten, die dir nahe stehen über das Chaos in deinem Kopf und vielleicht findest du dann in deinen eigenen Worten die Antworten auf Fragen, die du dir seit jeher immer gestellt hast.
Und das einfach nur, weil deine Gedanken mal deinen Kopf verlassen haben und sich nicht irre schnell in deinem Kopf im Kreis gedreht haben.
Schreibe.
Ich finde mich immer dann selbst wieder, wenn ich alles in meinem Kopf aufs Papier bringe und es mir danach noch einmal durchlese.
So bringe ich Ordnung in mein unendliches Chaos und du wirst auch deinen Weg finden.
Ich glaube an dich!
Du bist etwas Besonderes und ich bin wahnsinnig dankbar dafür, diesen Weg mit dir bestreiten zu dürfen.

Ich hoffe, wir hören im nächsten Quartal wieder voneinander.
Pass gut auf dich auf. Ich warte auf dich.
Ich bleibe.

Auf dieser Erde
gibt es zu viel Krieg
und wenig Frieden.
Es gibt Menschen, die sich hassen
und Menschen, die sich lieben.

Wir Menschen sind blind
und
wollen alle sein, wer wir nicht sind.

Wir verschwenden den Tag
und weinen in der Nacht,
während die Welt
über unsere Ideen lacht.

Doch nur in der Nacht
sieht man die Sterne.
Wir hassen die Kälte und
lieben die Wärme.

Der Sommer ist schön warm,
der Winter dagegen ist finster und arm.

Die Welt ist kalt,
und wir werden zu schnell alt.

Die Welt ist kalt,
das Leben ist nicht fair,
aber was würdest du tun
Wennjetz Sommerwehr?

Danke